LE BOUDDHA

SA VIE ET SA DOCTRINE

ESSAI D'HISTOIRE DES RELIGIONS

PAR

EUGÈNE VIRIEUX
Licencié en théologie.

Précédé d'une lettre préface de M. J.-ALFRED PORRET,
pasteur à Lausanne, auteur de : *Le Bouddha et le Christ.*

« Le seul, mais immense service que le bouddhisme puisse nous rendre, c'est par son triste contraste de nous faire apprécier mieux encore la valeur inestimable de nos croyances, en nous montrant tout ce qu'il en coûte à l'humanité qui ne les partage point. »
BARTHÉLEMY SAINT-HILAIRE.

PARIS
ERNEST LEROUX ÉDITEUR
28, rue Bonaparte, 28

1884

LE BOUDDHA

SA VIE ET SA DOCTRINE

LE BOUDDHA

SA VIE ET SA DOCTRINE

ESSAI D'HISTOIRE DES RELIGIONS

PAR

EUGÈNE VIRIEUX
Licencié en théologie.

Précédé d'une lettre préface de M. J.-ALFRED PORRET,
pasteur à Lausanne, auteur de : *Le Bouddha et le Christ*.

« Le seul, mais immense service que le bouddhisme puisse nous rendre, c'est par son triste contraste de nous faire apprécier mieux encore la valeur inestimable de nos croyances, en nous montrant tout ce qu'il en coûte à l'humanité qui ne les partage point. »
BARTHÉLEMY SAINT-HILAIRE.

PARIS
ERNEST LEROUX ÉDITEUR
28, rue Bonaparte, 28

1884

LETTRE PRÉFACE

A Monsieur Eugène Virieux.

Mon cher monsieur,

Vous me demandez quelques mots d'introduction pour votre étude sur le Bouddha, et je vous les donne volontiers.

Le problème qui surgit à l'arrière-plan de votre travail est angoissant entre tous : c'est celui de la souffrance, le plus grand après celui de l'être. Depuis que l'homme a réfléchi, il s'est imposé à lui; il a fait le désespoir de philosophies sérieuses; il se retrouve, sous une forme ou sous une autre, au fond de la plupart des religions. Le Bouddha en a été le martyr. Il l'a soulevé, mais pour en être écrasé. Ne dirait-on pas qu'il entrevit la solution de la pensée chrétienne, celle que nous recevons comme vraie, parce qu'elle nous paraît concilier les données essentielles de la double expérience du dehors et du dedans, les impératifs de l'âme (qui sont des faits), et les misères de la vie? Çâkyamouni a cru en une justice rétributrice; il a vu dans nos douleurs la conséquence de nos fautes. De là à placer la justice parfaite sur le trône de l'univers, de là à statuer que nous étions primitivement destinés au bonheur, de là à croire au Bien, de là à déchiffrer le drame écrit, mais à demi effacé, dans la conscience, il n'y a qu'un pas... Hélas! ce pas, il n'a point mieux réussi à le faire que les autres sages de l'antiquité. Seulement, tandis que Zoroastre annonce, sans grandes preuves, et contrairement aux apparences, le triomphe définitif de la lumière, en prêchant dès lors l'amour de la vie, le Bouddha proclame l'éternité des ténèbres, et, froissant l'âme, il fait du néant sa passion. Etrange amalgame de thèses rompues et de logique à outrance, de vérité et d'erreur! Le principal mérite du grand Hindou est peut-être de montrer où l'on va aboutir lorsque, dans l'étude du mystère de la souffrance, on fait abstraction de la liberté.

Votre écrit vient bien à son heure. Que nous sommes loin de Victor Cousin, et de ses raisonnements en l'air sur la bonté du monde, conséquence inévitable de la perfection divine! Le pessimisme est dans l'atmosphère. Des systèmes philosophiques proprement dits, il a passé dans la littérature courante. Cela est vrai surtout en France. Le siècle y a débuté par de molles élégies et des dithyrambes triomphants; il s'achève au milieu des blasphèmes contre Dieu et des vociférations contre la vie. Baudelaire, Flaubert, Renan et Taine à leurs heures, Leconte de Lisle, Mme Ackermann, H. Cazalis,

Paul Bourget, E. Chevé... autant de chantres plus ou moins conséquents et décidés du désespoir ! Le courant est déjà bien plus fort que lorsque, il y a cinq ans, j'ai publié l'étude dont vous avez fait usage. On dit que c'est affaire de mode et de pose... Supposons-le : reste toujours à expliquer pourquoi l'on s'affuble aujourd'hui en désespéré. D'ailleurs, plusieurs des pessimistes contemporains, —Bourget, par exemple,— ont du sérieux et de la sincérité. Enfin, l'analyse impartiale ne révèle que trop bien les causes du mouvement, qui sont assurément profondes et générales. La philosophie du désespoir est en progrès. Qu'elle triomphe, c'est la ruine du travail et de la moralité, c'est la dégradation, c'est la mort ! Depuis longtemps, je sens venir la bataille entre elle et la foi chrétienne. Cette bataille sera solennelle. Préparons-nous !

Vous avez voulu le faire, mon cher monsieur, pour votre part. J'accompagne votre travail de mes vœux. Vous l'aurez sans doute dépassé avant longtemps, et, jeune encore, vous regretterez de ne pas avoir à le refondre. Mais tel qu'il est, consciencieux et sincère, il ne sera, je l'espère, point inutile.

Votre ami dévoué,

J.-ALFRED PORRET

Lausanne, 6 juillet 1884.

AVANT-PROPOS

Frappé des ravages que la philosophie désespérée accomplit chaque jour parmi nous, l'auteur de ce travail s'était proposé d'entreprendre une étude où il eût embrassé, d'un coup d'œil, tous les systèmes pessimistes et optimistes, depuis les temps anciens jusqu'aujourd'hui. Il aurait essayé de confondre à la fois les deux doctrines, montrant l'insuffisance de l'optimisme philosophique, en face des aspirations infinies de l'âme humaine, et l'erreur du pessimisme, en face de l'Evangile qui, seul, avec l'espérance chrétienne, offre une solution satisfaisante au problème de la douleur et de la vie.

Mais, une telle tâche était aussi belle que périlleuse : elle eût exigé autant d'expérience que de savoir.

Il a donc paru convenable à l'auteur de cet opuscule de restreindre son sujet et de se borner à la seule étude du bouddhisme, philosophie et religion du néant, dont procèdent, d'une façon inconsciente, un grand nombre de systèmes contemporains.

Le présent travail n'est ainsi, en quelque sorte, qu'un premier livre d'un grand ouvrage, que l'auteur eût désiré faire et qu'il n'écrira peut-être jamais, mais qu'un autre, plus habile, publiera probablement quelque jour, avec ce beau titre : *Le Pessimisme et l'Evangile.*

INTRODUCTION

Histoire des études sur le bouddhisme

Il convient, au début de ce travail, de donner un aperçu de l'histoire des études qui ont fait connaître le bouddhisme en Europe.

Elles sont de date relativement récente. Il y a une cinquantaine d'années, nous ne savions rien, ou presque rien, de la doctrine du Bouddha. L'abbé Huc avait, il est vrai, déjà publié son *Voyage au Tibet,* où il montrait si bien les analogies qu'il y a entre le cérémonial bouddhique et le culte catholique que son livre fut mis à l'index, à sa plus grande surprise. Mais les véritables études historiques et critiques n'étaient point encore nées.

Aujourd'hui, grâce à l'exhumation de documents précieux, grâce à la libéralité, au génie patient et persévérant de quelques savants, on est parvenu à une connaissance approfondie, quoique encore incomplète, de la religion qui compte le plus grand nombre d'adhérents; car, bien que procédant d'une philosophie désespérée, le bouddhisme, — la chose est triste à dire, — fait néanmoins, à cette heure encore, le refuge et la consolation de quatre cent cinquante-cinq millions d'hommes, c'est-à-dire du tiers environ de l'humanité.

I

Commençons par rendre hommage, en quelques mots, à la mémoire des voyageurs et des savants qui sont, à juste titre, regardés comme les maîtres et les initiateurs dans l'étude que nous entreprenons.

Un Anglais, M. Hodgson, nommé en 1821 résident politique au Népal pour la Compagnie des Indes, entendit, le premier, parler de livres conservés dans les monastères, qui devaient renfermer la doctrine canonique du bouddhisme. Comme il était en bonnes relations avec les prêtres, il put aisément se procurer des listes de ces ouvrages, et, peu après, en obtenir des traductions tibétaines.

Vers 1824, M. Hodgson fut à même d'offrir à la société asiatique du Bengale environ soixante volumes en sanscrit et deux cent cinquante en tibétain.

Mais, comme aucun des membres de cette société ne put se charger de l'examen de ces livres, M. Hodgson, en vrai Mécène des études bouddhiques, envoya aux sociétés asiatiques de Paris et de Londres deux collections complètes de ces mêmes ouvrages, avec plusieurs manuscrits et de nombreuses transcriptions.

Il publia lui-même, plus tard, en 1841, des *Eclaircissements sur la littérature et la religion des bouddhistes.*

Nous devions à M. Hodgson ces quelques lignes d'hommage et de bon souvenir. Par sa libéralité et ses recherches personnelles ce savant a bien mérité des études qui consacrent sa mémoire. Il fut, en Europe, le vrai révélateur du bouddhisme.

Mentionnons, en second lieu, et dans les termes les plus honorables, un jeune médecin hongrois, M. Csoma, de Körös en Transylvanie, qui, seul et sans autre ressource que son courage, était parti de Hongrie pour le Tibet, afin d'y découvrir, si possible, les origines de sa nation et la patrie primitive de ses pères.

Arrivé au but de son voyage, il se mit à étudier la langue et les livres canoniques du pays, le *Kanjur* et le *Tanjur*, codes considérables qui — l'analyse qu'en fit M. Csoma le prouve bien — ne sont autre chose que la traduction en tibétain des ouvrages que M. Hodgson venait justement de découvrir dans le Népal.

Une heureuse coïncidence permit que, à peu près à la même époque, M. Schmidt, de Saint-Pétersbourg, donnât une traduction de quelques parties de la version mongole des livres bouddhiques.

Il était réservé à M. George Turnour de nous faire pénétrer dans le fourré de la littérature de l'île de Ceylan, où le bouddhisme s'est implanté trois siècles avant notre ère. C'est sous les auspices de ce savant que fut publiée, en 1833, la traduction des *Livres sacrés et historiques de Ceylan*. Mais, à peine cet ouvrage avait-il paru qu'Eugène Burnouf, l'illustre indianiste, alors seulement au début de ses études sur le Pâli, dialecte du sanscrit, dans lequel ces chroniques étaient rédigées, démontrait que, en toute cette affaire, on avait été dupe de l'inintelligence ou de la fourberie des prêtres bouddhistes. Ils avaient promis la traduction exacte et complète en singhalais des textes pâlis, mais s'étaient bornés, par ruse ou par malentendu, à ne fournir qu'une simple compilation, que les interprètes anglais avaient rendue avec la plus grande liberté.

M. Turnour ne se découragea point. Il apprit le pâli et publia lui-même le texte et la traduction du *Mahâvança,* ouvrage écrit vers le cinquième siècle de notre ère, qui contient une chronique ecclésiastique et historique complète de Ceylan, depuis les temps les plus reculés jusqu'au quatrième siècle après J.-C.

Notons enfin que les révérends Gogerly et Spence Hardy, tous deux missionnaires dans l'île de Ceylan, ont publié, depuis, des ouvrages importants sur le bouddhisme de ce pays.

II

L'homme de génie qui pourra écrire un jour une histoire complète du bouddhisme en Inde et dans les royaumes où il s'est répandu, depuis sa naissance jusqu'à nos jours, c'est-à-dire dans presque toute l'Asie et pendant une période de vingt-cinq siècles, trouvera en Chine une mine inépuisable de documents : les annales de l'empire ont toujours été tenues avec le plus grand soin.

Le bouddhisme y fut introduit 217 ans avant notre ère; en 61 après Jésus-Christ, il fut proclamé religion officielle. Et c'est de cette époque que date la version chinoise d'un très grand nombre de livres sanscrits. M. Stanislas Julien en a compté plus d'un millier.

Nous devons à cet éminent sinologue la traduction française du récit des voyages de Hiouen-thsang et à M. Abel Rémusat celle de l'histoire des pérégrinations de Fa-hien. Ces deux pèlerins, partis du céleste empire bien des siècles après la mort du Bouddha, allèrent en Inde, seuls, et au travers de mille dangers, qu'ils surmontèrent avec l'héroïsme de la foi, afin d'étudier la religion de leurs pères sur les lieux où elle avait pris naissance.

C'est l'Inde elle-même, est-il besoin de le dire, qui nous fournit pour la connaissance du bouddhisme les documents les plus intéressants et les plus précieux.

Il y a 45 ans environ, on découvrit, gravées sur des colonnes et des rochers, d'étranges inscriptions, que déchiffra M. James Princep. C'étaient les édits de Piyadasi, personnage dont l'identité avec Açoka, roi du Magadha, fut bientôt démontrée. Il vécut vers 325 avant J.-C., à l'époque d'Alexandre le Grand.

Ces édits, fort importants pour l'histoire qui nous occupe, tout en étant inspirés d'un esprit de tolérance et de charité à l'égard de toutes les croyances, favorisent cependant d'une manière incontestable l'extension du bouddhisme.

Une inscription, découverte en 1840, nous montre Piyadasi, « le roi chéri des dévas, » comme il s'appelle lui-même, s'adressant à des religieux réunis en concile dans le Magadha et leur donnant des directions et des conseils sur la marche à suivre dans leurs délibérations ainsi que sur l'esprit dont il souhaite qu'ils se montrent inspirés.

Je n'insiste pas davantage; les édits de Piyadasi marquant une date importante pour le bouddhisme, nous aurons l'occasion d'en parler de nouveau dans le cours de ce travail.

Deux mots des sources grecques. Elles se réduisent, en somme, à fort peu de chose. Tout ce que nous savons de précis, c'est que l'historien Mégasthènes, qui, vers 295 avant J.-C., remplit en Inde, pour Séleucus Nicator, une mission auprès du roi Tschandragoupta, parle de gens qui, d'après ses indications, ne peuvent être que des bouddhistes.

Notre conclusion sera celle de M. Barthélemy Saint-Hilaire, dans son ouvrage magistral, *Le Bouddha et sa religion* [1], auquel nous avons emprunté la plupart des renseignements qui précèdent.

« Les documents les plus avérés, grecs, indiens, chinois, sans oublier tous les autres, s'accordent et se soutiennent pour attester de la manière la plus irrécusable que le bouddhisme existait dans l'Inde avant l'expédition d'Alexandre; ainsi nous pouvons admettre sans scrupule la date de la mort du Bouddha, que nous empruntons des Singhalais; et quand nous parlerons de la morale bouddhique, nous pourrons être assuré que cette prédication s'est bien réellement adressée aux populations indiennes six siècles avant l'ère chrétienne, en essayant de les convertir à des croyances meilleures et de renverser la foi antique des Védas, jugée désormais insuffisante pour conduire l'homme au bien et au salut [2]. »

III

Pour une histoire complète du bouddhisme, telle qu'on pourrait la faire dans l'état actuel de nos con-

[1] Troisième édition. Paris, Didier & Cie, 1866.
[2] Pag. XLVII.

naissances sur cette religion, il faudrait recourir à toutes les sources que nous venons d'énumérer et consulter en outre un bon nombre d'ouvrages anglais et allemands.

Forcé de me borner à l'étude des sources principales, j'ai surtout consulté, dans le cours de ce travail, les deux ouvrages classiques d'Eugène Burnouf, l'*Introduction à l'histoire du bouddhisme indien*[1] et la traduction du *Lotus de la bonne loi*[2], l'excellent livre de M. Barthélemy Saint-Hilaire[3] et les études si pleines de faits, de vues larges et fécondes de M. Max Müller sur *le bouddhisme, les pèlerins bouddhistes* et *le nirvâna bouddhique*[4].

Nous allons débuter par l'étude de la vie et de la légende du Bouddha. Elles sont intimement unies dans les textes originaux, et je n'ai pas cru pouvoir les séparer, comme l'a fait M. Barthélemy Saint-Hilaire, qui y a trouvé cependant un réel avantage. Il m'a semblé que je serais plus vraiment fidèle à l'esprit du bouddhisme si je contais la vie de son fondateur en m'attachant, autant que possible, aux faits eux-mêmes, tels que les sources sanscrites nous les ont rapportés, dans ce qu'ils ont à la fois de très fantastique et de très vraisemblable. Je laisse au

[1] Paris, imprimerie royale, 1844.

[2] Paris, imprimerie nationale, 1852.

[3] *Le Bouddha et sa religion.*

[4] Dans la seconde édition de ses *Essais sur l'histoire des religions*, traduits par M. Georges Harris. — Paris, Didier & Cie, 1872.

lecteur le soin de faire la part de la légende et de l'histoire.

Après cette étude, purement biographique, nous passerons à celle de la doctrine même du Bouddha. C'est ici surtout, dans ces matières abstraites et difficiles, que le livre de M. Barthélemy Saint-Hilaire nous deviendra un guide sûr et précieux; il est non seulement l'ouvrage d'un sanscritiste perspicace, mais aussi celui d'un homme du monde, qui parle d'une manière à la fois claire et captivante de choses qui, étudiées dans les textes originaux, rebuteraient les esprits les plus sagaces et les plus aguerris. M. Barthélemy Saint-Hilaire est en outre un éminent penseur. Mieux que personne, il était à même de juger, au point de vue philosophique, des doctrines du Bouddha.

Une brève comparaison entre le bouddhisme et le christianisme terminera cet opuscule [1]. Nous aurons recours sur ce point au livre éloquent de M. le pasteur Porret [2], qui a bien voulu, dans l'élaboration de

[1] J'ai parcouru sur ce sujet le récent ouvrage de M. Rudolf Seydel, *Das Evangelium von Jesu, in seinen Verhältnissen zu Buddha-Sage und Buddha-Lehre, mit fortlaufender Rücksicht auf andere Religionskreise*. Leipzig, Breitkopf und Härtel, 1882. Le même auteur a publié, en 1884, *Die Buddha-Legende und das Leben Jesu nach den Evangelien*, in-8, 83 pages.

[2] *Le Bouddha et le Christ*. Lausanne, Imer, 1879.

J'indique ici, à titre de renseignement bibliographique sur ce sujet, les autres ouvrages que j'ai consultés :

Dieu dans l'histoire, par de Bunsen, traduit par L. Dietz, seconde édition. Paris, Didier, 1868.

Dans la « Revue des deux-mondes, » tome X, 15 juin 1837, l'art. de J.-J.

ce travail, me soutenir, avec une amabilité rare, de ses encouragements et de ses conseils.

L'enseignement qui ressortira de notre étude sera, je l'espère, d'abord, une leçon de philosophie spiritualiste nous montrant l'erreur où est tombé le Bouddha en ne tenant compte, dans le jugement qu'il porte sur la valeur de la vie, d'aucune des joies de l'exis-

Ampère, *Histoire du bouddhisme.* — 1er janvier 1854, Pavie, *le Bouddhisme à Ceylan.* — 1er mars 1860, *le Bouddhisme et son législateur*, par Alfred Jacobs.

Essai sur la légende du Bouddha, par E. Senart, seconde édition. Paris, Ernest Leroux, 1882.

Kœppen, *Die Religion des Buddha*, deux volumes. Berlin, Schneider, 1857.

L'abbé Deschamps, *Le Bouddhisme et l'apologétique chrétienne.* Paris, Leroux, 1860.

Le Bouddhisme, une conférence, par L. de Milloué. Paris, Leroux, 1882.

Trois lettres de M. Barthélemy Saint-Hilaire à M. l'abbé Deschamps. Paris, Leroux, 1880.

Le Bouddhisme et le système de M. de Hartmann, par Henri Mayor. Lausanne, 1880.

Histoire du bouddhisme dans l'Inde, par H. Kern, dans la « Revue de l'histoire des religions » de 1881 et 1882.

Histoire du Bouddha-Sakya-mouni, par Mme Mary Summer. Paris, Leroux, 1874.

Barth, *les Religions de l'Inde*, et l'article *Pessimisme*, de M. Ph. Bridel, dans l' « Encyclopédie des sciences religieuses. »

Caro, *le Pessimisme au XIXe siècle.*

Paul Charpentier, *Une maladie morale, le mal du siècle.* Paris, Didier, 1880.

Bonifas, *Etude sur la théodicée de Leibnitz.*

Tiele, *Manuel de l'histoire des religions.*

Laurent, *l'Orient.*

Trottet, *Le génie des civilisations.*

Fouillée, *Critique des systèmes de morale contemporains.*

Renan, *Nouvelles études d'histoire religieuse.* C. Lévy, 1884. (Contient deux travaux sur le bouddhisme.)

tence, en méconnaissant les aspirations les plus légitimes de l'âme, en négligeant de remonter à Dieu, comme à la cause unique et au principe éternel de tous les phénomènes du monde de la matière et de l'esprit, à Dieu, qu'il ignore, et dont il est inconcevable que l'idée ne se soit point présentée à son esprit, si vaste et si profondément spéculatif.

Je voudrais faire sentir, en second lieu, et par comparaison avec les doctrines de néant que nous allons étudier, le privilège inappréciable que nous devons à l'héritage moral laissé par tant de philosophes et de théologiens en quête de l'éternelle vérité, et, surtout, à cet Evangile de Jésus-Christ, consolation du savant et de l'ignorant, du riche et du pauvre, dans les jours heureux comme dans les mauvais jours.

Avouons-le franchement, sans cette bonne nouvelle du salut, nous serions bien près de conclure, comme le Bouddha, que la vie est mauvaise et qu'il n'y a d'autre espoir que le néant... le Nirvâna, dans l'horreur et la volupté de ce mot... Alors, quelle amertume, quel dégoût, quel désespoir !.. Mais, grâce au don de l'Eternel, à la lumière divine dont il nous a éclairés dans nos ténèbres, nous avons pour la vie présente, aube de l'immuable et bienheureuse éternité, une meilleure espérance que la mort.

CHAPITRE PREMIER

La vie et la légende du Bouddha.

I

LE BOUDDHA, DE SA NAISSANCE AU REVÊTISSEMENT DE L'INTELLIGENCE SUPRÊME

... « Un chercheur de vérité... un philosophe de génie... un ascète et un homme de cœur... »

Il est indispensable, pour comprendre la doctrine du Bouddha, de savoir quelque chose de sa biographie. Car, ce n'est point de simples spéculations qu'ont jailli son système philosophique et sa religion, mais de son cœur et de l'expérience personnelle qu'il a faite de la vie.

Il naquit à Kapilavastou [1], sur les dernières pentes de l'Himalaya, entre le Népal et l'Oude, au temps à peu près de Pisistrate et de Solon en Grèce, de la fin de la captivité et du gouvernement des grands prêtres en Palestine, d'Amasis en Egypte, de Cyrus en

[1] En 622 ou 557 avant J.-C. ou, approximativement, dans la période qui s'étend entre ces deux dates.

Perse, de Servius Tullius et de l'établissement des consuls à Rome.

La légende rapporte qu'avant de descendre sur la terre, il vivait dans le ciel Touchita, où il enseignait la loi aux dieux mêmes, qui l'écoutaient avec ravissement. Un jour, comme il était plongé en une profonde méditation, tout à coup, une excroissance lui pousse sur le sommet de la tête. Pris d'une immense pitié pour le sort des humains, il se résout à descendre sur la terre et à s'incarner sous la forme d'un éléphant blanc dans le sein de sa mère, Maya-dévi, femme du roi Souddhodana. Son premier cri, à sa naissance, fut : « Je vaincrai le démon et l'armée du démon ; je verserai le grand nuage de la loi, et les créatures seront remplies de joie et de bien-être. »

Des signes miraculeux annoncent son entrée dans le monde. Bien qu'on soit au printemps, les arbres se couvrent subitement de fleurs et de fruits. Mille senteurs délicieuses montent de la terre au ciel, avec le chant d'amour d'oiseaux au plumage merveilleux.

Maya mourut peu après la naissance de son illustre fils : son cœur de mère se serait brisé, le voyant si parfaitement beau, le jour où il se fût fait religieux. Un ermite, Asita, vient le saluer, comme fit pour le Christ le vieillard Siméon, et ne tarde pas à reconnaître chez le jeune prince les trente-deux signes et les quatre-vingts marques secondaires qui caractérisent un Bouddha. L'enfant avait entre autres particularités une protubérance du crâne sur le sommet de la tête, une touffe de poils blancs comme neige entre les sourcils, l'œil, de velours noir, et, sous la plante du pied, une figure de roue, qui acheva de convaincre le pieux solitaire, désolé de ce qu'il ne pourra vivre encore assez de jours pour entendre la prédication du futur Bouddha.

Son père, le roi Çouddhodana, lui donna le nom de Siddhârtha. Dès son jeune âge, le prince se fit remarquer par son esprit sérieux et réfléchi.

La tradition veut qu'un jour, qu'on l'avait laissé seul, couché sur son lit, à l'ombre d'un jambosier, on l'ait retrouvé — présage significatif — les jambes croisées et dans la posture de la contemplation religieuse.

Il paraît aussi qu'il eut de très bonne heure le sentiment de sa divinité. Ainsi, la première fois qu'il fut conduit au temple, en voyant les statues des dieux, il s'écria : « Ce n'est pas à moi à rendre hommage aux dieux, mais aux dieux à me rendre hommage. »

Conduit, plus tard, dans une école, il y donna de tels signes de la précocité de son intelligence que le maître s'écria : « Voilà un enfant qui est plus grand que les dieux ; il est incomparable, sans pareil dans l'univers. »

Quand Siddhartha fut arrivé à l'âge de seize ans, ses parents décidèrent de le marier, et, à la suite d'un concours, où il dut prouver sa valeur et son courage, il obtint la main de la belle Gôpa.

La légende affirme que ce mariage ne l'empêcha point de posséder, à côté de son épouse, quatre-vingt-quatre mille autres femmes, dont elle ne fut point jalouse. — Ce qui est certain, c'est que, jamais, Siddhârtha ne se laissa séduire par la volupté. Il resta pur. « Son cœur était dévoré du zèle de la loi, » disent les biographes.

Il continua donc de mener une vie de méditation et de recueillement. En cela, il ne faisait qu'obéir à son impérieuse et irrésistible vocation. Les dieux se chargeaient d'ailleurs, dit en son naïf langage le *Lalitavistara,* de lui rappeler sa mission libératrice, en même temps qu'ils le faisaient souvenir des innombrables bienfaits qu'il avait accomplis dans ses existences antérieures.

C'est ainsi que, bien qu'il fût au milieu d'une cour toute mondaine et pleine de séductions, le prince recherchait la solitude, pour s'absorber dans d'interminables songeries sur les misères de l'existence.

Etant sorti de son palais, il rencontre par hasard un vieillard tout décrépit.

— Qu'est-ce que cet homme ressemblant si peu aux autres hommes, demande-t-il à Chanda, son fidèle écuyer.

— C'est un vieillard épuisé par l'âge, ayant perdu tout plaisir à la vie et achevant de traîner sa misérable existence, répond Chanda, qui devait être un homme de cœur.

— Malheur, malheur sur ceux qui naissent, si l'âge doit tous les réduire à un pareil état, dit alors Siddhartha, d'un ton désespéré.

Après d'autres rencontres de ce genre, au sein même de son opulence et de ses plaisirs, le prince fut hanté de sinistres visions. Maudissant la vie, source de toute misère, il s'écriait, comme l'Ecclésiaste: « Vanité des vanités!.. tout est vanité. »

Un jour, comme il était dans son jardin de plaisance, passe sous ses yeux un convoi funèbre.

« Ah! malheur à la jeunesse que la vieillesse doit détruire, s'écrie Siddhârtha. Ah! malheur à la santé que détruisent tant de maladies; ah! malheur à la vie où l'homme reste si peu de jours! S'il n'y avait ni vieillesse, ni maladie, ni mort! si la vieillesse, la maladie, la mort étaient pour toujours enchaînées! »

Puis, trahissant pour la première fois sa pensée: « Retournons en arrière, dit-il résolument; je songerai à accomplir la délivrance. »

« L'extinction du feu des passions, se répète-t-il dès lors avec un lugubre pressentiment, voilà la félicité; l'extinction du feu du péché et de l'aveuglement, voilà la félicité... je chercherai le Nirvâna. »

Bien décidé désormais à se faire religieux, une nuit, Siddhârtha quitte furtivement sa famille et ses amis, et, après un trajet d'une quarantaine de lieues, il renvoie son cheval et son écuyer. Puis il échange ses vêtements de roi contre ceux d'un chasseur et revêt le costume de moine. Il avait alors vingt-neuf ans.

Toujours à la recherche de la suprême sagesse, il se rend auprès des plus célèbres brahmanes. Ceux-ci, reconnaissant bientôt la supériorité de leur disciple, n'hésitent point à lui confier une partie de leur enseignement.

Mais, loin de s'enivrer de ses prompts succès, le Bôdhisattva [1], qui sent les écueils de sa nouvelle vie, recherche la retraite et les méditations solitaires.

A l'école de Roudraka, un des maîtres les plus célèbres, il se forme cinq disciples, qui s'attachent à sa personne. Le jeune professeur mène avec eux, dans les plus grandes privations, la vie nomade de moine mendiant. Il ne se nourrissait, dit la légende, que d'un grain de sésame ou de riz.

Après six années de ce genre de vie, comprenant que son austérité lui est parfaitement inutile dans la recherche du Nirvâna, l'ascète se décide subitement à s'affranchir d'une discipline aussi rigoureuse, et, prenant soin de son corps qui défaille et de sa toilette qu'il avait négligée au point de ne plus même porter de vêtement, il se couvre d'un linceul enlevé à une morte qu'on vient d'enterrer.

[1] Proprement, « l'être uni à l'intelligence, » celui qui est destiné à devenir Bouddha, et n'a plus, par conséquent, qu'une existence à passer sur la terre avant d'arriver au Nirvâna ou délivrance finale.

(*Foucaux.*)

Ses disciples, indignés de voir le maître se départir de la voie qu'il a suivie jusqu'alors et pensant qu'il est victime d'une coupable défaillance, l'abandonnent avec dédain. Grâce à son nouveau régime, le sage reprend bientôt son ancienne vigueur et son ancienne beauté. Après s'être fait un tapis, il s'assied sous un figuier et se met plus activement que jamais en quête de l'intelligence suprême. Voici les énergiques paroles qu'il prononça :

« Dussent ma peau, mes muscles et mes os se dessécher, ma chair se flétrir, mon sang tarir dans mes veines, je ne quitterai pas ce siège avant d'avoir atteint la sagesse absolue ! »

L'heure était solennelle : la tentation allait venir. Mâra, le démon, furieux de voir le Bôdhisattva près d'échapper à son pouvoir, ne tarde pas à lui tendre des pièges. La légende a bien dramatisé la tempête qui dut se passer sous le crâne de l'audacieux impeccable. Mâra se présente d'abord à notre solitaire avec tout un cortège de bêtes immondes, l'accable d'une « pluie de sable, de flèches et de cuivre brûlant. » — Vaine ruse, vains efforts ! — Les dieux, effrayés, abandonnent leur protégé, mais, par un prodige, les projectiles qui sont lancés au sage retombent de l'arbre en pluie de fleurs.

Et, douceur suprême, les dieux, rassurés et honteux de leur poltronnerie, viennent alors rappeler au Bôdhisattva le bien qu'il a fait dans toutes ses existences antérieures. L'insidieux Mâra se retire, fort dépité de son insuccès.

Tentant un dernier effort, il envoie ses Apsaras [1]. Mais, par leurs airs insinuants et leurs poses provocantes, elles ne parviennent point à ébranler la vertu du sage.

Les vers suivants, que les dieux adressent à Siddhârtha, expriment bien la joie qu'ils eurent de la victoire de leur protégé :

> Maintenant le glorieux Bouddha a vaincu ;
> Le méchant Mâra est battu !

> Ainsi annonçaient près du siège de la connaissance, avec des cris [de joie,
> Les esprits, la victoire du grand solitaire.

Voici comment, après avoir remporté cette victoire, le Bôdhisattva obtint la dignité de Bouddha [2].

Je cite textuellement d'après M. Kern qui paraît lui-même avoir traduit le passage des textes sanscrits :

« Dans la première veille de la nuit il parvint à la connaissance certaine de ce qui lui était arrivé dans ses existences antérieures ; dans la seconde, il réalisa la connaissance de l'enchaînement des effets et des causes.

[1] Nymphes du ciel d'Indra. Dans le Vêda, « on les voit employées à ébranler la vertu des sages, pour les faire déchoir et les priver du pouvoir surnaturel acquis par leurs austérités. » (Note de Foucaux.)

[2] C'est-à-dire d'éclairé, possédant l'intelligence suprême.

» Cette dernière est la conséquence du raisonnement suivant : la douleur, les gémissements, la misère, la vieillesse, la maladie, la mort et nombre d'autres maux existent. Quelle en est la cause? la naissance. La naissance est une conséquence du devenir. Le devenir dépend à son tour de la matière (ou de l'effort); celle-ci est produite par le désir, et le désir par la sensation. La sensation, à son tour, provient du contact (avec quelque chose qui est perçu). Ce contact a lieu parce que nous avons six organes des sens[1], et ces organes sont le propre de l'être organique. Or un être organique existe par son nom et par sa forme et est, par conséquent, un produit de la conscience. Celle-ci dépend des impressions et les impressions sont le fruit de l'illusion. L'illusion est donc la cause de l'existence et il faut pour mettre fin à l'existence qui entraîne à sa suite la maladie, la mort, la tristesse et toute espèce de misères, lui enlever son fondement (ou sa raison d'être). Cela ne peut avoir lieu que par le contraire de l'illusion, c'est-à-dire par la connaissance.

» La connaissance consiste dans l'acceptation de quatre vérités principales, à savoir : 1° l'existence de la douleur physique et morale ; 2° la cause de la douleur ; 3° la suppression de la douleur ; 4° le moyen qui conduit à cette suppression. Ou plus explicitement : 1° chaque existence est une souffrance ; 2° le

[1] Le sixième sens chez les Indiens est le sentiment, le cœur.

désir est la cause qui prolonge une existence ; 3° si l'on étouffe ou anéantit le désir, l'existence ne se prolongera pas ; 4° on arrivera à cet anéantissement par une vie sainte. »

Enfin, le Bôdhisattva était parvenu à l'intelligence suprême, il avait obtenu la dignité de Bouddha.

Il contemplait la sublime vérité, remontant des causes à leurs effets, et, inversement, des effets à leurs causes, comme quelqu'un qui a trouvé la solution d'un problème insoluble et qui refait sans cesse ses calculs, en se félicitant d'avoir si bien compté...

Des phénomènes étranges signalent dans le monde entier la découverte que le sage vient de faire de la suprême sagesse. La terre est ébranlée jusqu'en ses fondements... un immense cri de joie se fait entendre d'un bout à l'autre de l'univers... les fleurs s'épanouissent sur toutes les plantes qui en portent... les rivières arrêtent leur cours... la lumière pénètre jusque dans les cavernes les plus ténébreuses... les aveugles recouvrent la vue, les sourds, l'ouïe, les impotents, l'usage de leurs membres, et le Bouddha s'écrie, d'après M. Kern, dans l'ivresse de sa toute science :

J'ai parcouru une foule d'existences
En cherchant, mais en vain,
Celui qui cause le saisissement.
Il est douloureux de renaître,
Mais maintenant, toi qui saisis, je t'ai découvert.

. . . .

J'ai atteint la fin des désirs.

M. Renan, dans son premier travail sur le bouddhisme, qui a paru il y a quelques jours seulement [1], et qui est écrit avec autant d'art que de science, prête ces paroles à Sâkya :

« Le solitaire, comme l'oiseau, né de l'œuf, a brisé sa coquille. J'ai atteint la loi de l'immortalité, profonde, calme, exempte de trouble, lumineuse, en dehors de l'idée. Silencieux, je demeurerai à l'ombre des bois, dans la profondeur de ma propre nature. Ici-bas aucune substance n'existe. Pour qui connaît la cause et les effets successifs, il n'y a ni être ni néant. »

Telle fut la lutte et la victoire du sage. La nature entière célébrant, par un symbolisme merveilleux, le triomphe du grand ascète et du grand solitaire !... Siddhartha pouvait-il rêver un plus éblouissant et magnifique triomphe ?

[1] Dans ses *Nouvelles études d'histoire religieuse.*

II

LE BOUDDHA,
DU REVÊTISSEMENT DE L'INTELLIGENCE SUPRÊME A SA MORT

> ... « Un propagateur de sa foi, qui n'a trouvé que l'erreur, mais dont l'exemple condamne une foule de chrétiens de tous les temps et de tous les pays. »

Cependant le Tathâgata[1] n'avait rien mangé depuis longtemps, et il hésitait à communiquer aux hommes sa doctrine. Mais, il ne s'attarda point à quelques scrupules exagérés : la compassion l'emporta ; il résolut de prêcher la sublime vérité.

Des marchands qui passèrent fort à propos en ce moment-là lui offrirent un gâteau de farine et de miel. Ils firent mieux encore. Ils acceptèrent immédiatement la doctrine du sage par une profession de foi bien faite pour l'engager à se créer de nouveaux adhérents. Les dieux l'encouragèrent dans son dessein, et il se décida à « faire tourner la roue de la loi. »

[1] « On l'appelait Tathâgata, ce qui veut dire celui qui a bien suivi ses prédécesseurs. Ce titre, que Sâkyamouni paraît s'être donné à lui-même, est d'une grande importance, en ce qu'il indique que le législateur ne se regardait que comme le continuateur de Bouddhas antérieurs, de sages qui l'avaient précédé. » (*Jacobs.*)

Il se rendit auprès de ses anciens disciples, qui le reçurent avec ces paroles : « Voici l'ascète Gautama qui a sans doute renoncé à l'excessive sévérité de son genre de vie, car il a l'air bien en point et le visage fleuri et reluisant comme l'or. »

Ils ne tardèrent pas cependant à subir l'ascendant irrésistible du Tathâgata, et, après avoir reçu son pardon, entendirent la *première prédication de la loi.*

Dans ce discours, le Bouddha exhorte ses auditeurs à s'affranchir de toute sensualité et à éviter les rigueurs d'un ascétisme outré. Il leur montre le salut dans une voie moyenne qui procède d' « un bon sentiment, de bonnes pensées, d'une saine raison, de bonnes occupations, de bons moyens d'existence, d'une bonne discipline, d'une sage prudence et d'une bonne méditation [1]. »

« Le Bouddha, la loi et l'assemblée des fidèles, tels sont les trois refuges auxquels les disciples devront recourir pour abriter leur faiblesse [2]. En d'autres termes, ils écouteront les préceptes de leur maître ; ils chercheront à pratiquer la loi et ils s'encourageront au bien par des exhortations et des prières en commun [3]. »

[1] Kern, pag. 88.

[2] « Je me réfugie, s'écrie plus tard Adjataçâtrou, fils de Bimbisâra, souverain du Magâdha, qui a tué son père, je me réfugie auprès de Bhaghâvat (le Bienheureux, le Bouddha), auprès de la Loi, auprès de l'Assemblée. » Et il confesse son crime et en obtient la rémission. (Note de M. Porret.)

[3] Mary Summer, pag. 88.

Au nombre des vertus à rechercher avec le plus de soin, il faut placer la charité, qui enseigne à donner et à se donner, puis, la chasteté, qui empêche le sage de se détourner du but qu'il poursuit ; viennent ensuite la patience, l'humilité.

Ces vertus, mises en pratique, conduisent au Nirvâna.

Le Bouddha fit plusieurs disciples. M. Kern raconte tout au long la conversion de chacun d'eux.

Comme il était à Rajagriha, il reçut un envoyé de son père, qui l'engagea en termes pressants à venir voir ses parents.

> Il ne fait ni trop chaud ni trop froid, lui dit-il.
> Les subsistances sont faciles à se procurer,
> Et le sol est tapissé de vert gazon ;
> C'est le moment, ô grand voyant [1].

Il se mit en route, suivi de vingt mille moines, et, ne faisant qu'une lieue par jour, il mit deux mois pour ce voyage. Comme on approchait de Kapilavastou, les parents du Bouddha vinrent à sa rencontre, portant des bouquets et précédés d'un cortège d'enfants et de petits princes.

Toute la famille des Sâkyas se prosterna devant l'illustre solitaire. Mais, comme nul n'est prophète en son pays, aucun des princes ne le retint à dîner pour le lendemain.

Le Bouddha fut ainsi forcé de mendier.

[1] Kern, pag. 152.

Aussitôt, tous les habitants de Kapilavastou se mirent aux fenêtres pour voir l'étrange spectacle d'un prince et d'un Bouddha quêtant sa nourriture. Par un curieux contraste, jamais Sakya ne parut si beau. Il était comme enveloppé d'une lumineuse auréole et fit l'admiration de chacun.

Souddhôdana, indigné de voir son fils réduit à la mendicité, se rend immédiatement auprès de lui, et, après quelques reproches affectueux, l'invite au palais, où il reçoit les privilèges du premier degré de sanctification. Le prince retrouva son épouse, fidèle et pleine d'admiration pour ses vertus.

« Aussitôt, lui dit le roi, qu'elle eut appris que vous portiez des habits jaunes, elle ne s'est montrée vêtue que de cette couleur ; aussitôt qu'elle sut que vous ne faisiez qu'un repas par jour, elle n'a pas voulu en prendre davantage ; parce que vous aviez renoncé à l'usage d'un lit commode, elle n'a plus voulu dormir que sur un banc étroit ; parce que vous aviez renoncé aux fleurs, aux guirlandes et à tous les agréments de ce genre, elle s'en est abstenue également. Telle est, ô seigneur, la vertu de ma bru [1]. »

Après avoir, au grand scandale de Souddhodana, ordonné religieux son propre fils, Rahoula, le sage quitte sa ville natale et s'en retourne à Râdjagriha, avec toute sa congrégation.

Un riche marchand, qui venait de se convertir à la

[1] Kern, pag. 157.

doctrine du Bouddha, fit construire, près de Srâvasti, au milieu d'un parc qu'il acheta en le couvrant de pièces d'or, un *vihâra*[1] qu'il offrit au maître. La remise solennelle du couvent, qui avait sept étages, une salle de conférences, quatre-vingts cellules et était tout entouré de bosquets qui invitaient à la méditation, pendant l'ardeur du jour, fut célébrée par des fêtes splendides.

La vie qu'on menait au cloître de Djêtavana, modèle de tous les monastères, était sévère mais bien propre à préparer à la conquête du Nirvâna.

Au moment de recevoir le néophyte au nombre des religieux, on lui demandait s'il était toujours bien résolu à entrer dans l'ordre. Il répondait : « Je vais en refuge vers le premier des hommes, le respectable Bouddha. »

On le rasait alors complètement. Il revêtait la robe rougeâtre et on lui remettait la sébile de mendiant. Il s'engageait à ne rien posséder, à ne jouir de quoi que ce soit, à recevoir l'aumône et à ne point la faire. Cette douceur même lui était refusée. Afin d'être mis en garde contre les péchés de la chair, il devait promettre de pratiquer un jeûne fréquent et de rester toujours dans les limites d'une extrême frugalité.

La principale nourriture des religieux se composait de riz, de racines et de fruits. L'usage d'aliments

[1] Couvent.

plus substantiels ne leur était permis qu'en temps de maladie.

Le règlement était d'une grande sévérité. Aucun moine ne devait, après le coucher du soleil, pénétrer dans une maison habitée par des femmes. Les religieux étaient soumis à une confession publique, à la nouvelle et à la pleine lune.

Le Bouddha, lui, se levait à l'aube, et, désirant avec ardeur la délivrance suprême de toutes les créatures, se dirigeait, toujours méditatif et portant son vase aux aumônes, du côté de l'endroit où il pensait qu'il pourrait semer avec le plus de profit sa semence de libération. — Rentré au monastère, il se lavait les pieds, puis, après avoir proposé à ses religieux un sujet de réflexions, s'en allait méditer, seul, dans la retraite, jusqu'à l'heure de la prédication.

La chaire se trouvait au milieu de la salle de conférences. Un éventail était placé sur le pupitre. Le Bouddha s'en servait, tout en débitant son sermon; il lui était d'un précieux secours pendant les chaleurs torrides de l'été.

Sa prédication terminée, il prenait un bain, faisait une promenade, puis passait la soirée sous une des vérandas du couvent.

Voici deux traits, assez plaisants, qui se rapportent à peu près à cette époque de la vie du Bouddha.

L'un de ses disciples, Ananda, regrettait d'avoir quitté sa fiancée, dont il était passionnément épris, pour la vie du cloître, austère et sans amour. Le maître, pour le guérir, lui fit d'abord voir une hideuse guenon, puis, aussitôt après, les nymphes célestes. Ananda dut avouer qu'en comparaison de ces divinités sa fiancée était aussi laide que la guenon qu'il venait de voir... Et il ne fut plus amoureux, désormais, que des nymphes célestes, ce qui, du moins, était sans danger pour sa vertu.

Le Bouddha souffrait un jour d'un embarras d'estomac. Il fit appeler Jîvaka, médecin très habile, qui comprit qu'à un tel malade il ne fallait pas prescrire de remède vulgaire. Il lui porta trois poignées de pétales de lotus, tout imprégnées de la vapeur de plantes médicinales. Mais, craignant que cette purgation ne produisît pas assez d'effet, il prescrivit un bain que, du reste, le maître avait fait préparer avant son ordonnance, parce qu'il connaissait les pensées du médecin.

Souddhôdana mourut la cinquième année du ministère de son fils. Atteint de paralysie, il fit chercher le Bouddha qui, en ce moment même, se trouvait au couvent de Mahâvana (la grande forêt). Le maître accourut, et, comme il adressait au roi les dernières exhortations, en lui faisant les derniers adieux, le vieillard s'écria : « Maintenant je vois clairement que tout passe. Je me sens affranchi de tout désir mondain et complètement délivré de toutes les chaînes de la vie. »

Puis, il expira, serein, âgé de quatre-vingt-dix-sept ans, au moment où le soleil disparaissait à l'horizon, et après avoir demandé pardon à ceux qui l'entouraient des torts qu'il pouvait avoir eus envers eux pendant sa vie.

Le Bouddha prononça ces paroles : « Voyez, moines, le cadavre de mon père. Il n'est plus ce qu'il était. Personne ne peut résister à la force de destruction inhérente à tout ce qui existe. Appliquez-vous avec ardeur aux bonnes œuvres et parcourez les quatre degrés qui mènent à la perfection. »

Profondément édifiée par la mort de son beau-père, Gôpa décida de se faire religieuse, avec sa belle-mère, Gautamî. Les princesses furent suivies dans leur résolution de cinq cents dames de la famille des Sâkyas, déterminées à renoncer à jamais aux douceurs de la vie mondaine.

Elles n'obtinrent qu'à grand'peine l'autorisation du Bouddha, qui craignait que les femmes n'enfreignissent trop facilement la discipline. Il les mit en garde contre l'intempérance de langue et la coquetterie et leur imposa de sévères conditions, leur assignant en tout une position inférieure à celle des moines.

Après quelque temps de la vie du cloître, Gôpa mourut, auprès de son mari et de son fils qui, pendant le peu d'années qu'ils avaient vécu ensemble, l'avaient, chacun, appelée « ma sœur, » terme seul convenable pour exprimer la nature du sentiment qui les unissait dans le commun désir du Nirvâna.

Ce n'est point impunément qu'on proclame une doctrine nouvelle. Comme tout autre, le Bouddha dut l'éprouver. Sa renommée offusquait surtout les brahmanes, ses rivaux, et les Tirthyas, philosophes ascètes qui pratiquaient de continuelles et impitoyables macérations, ne mangeant qu'un grain de riz par jour, se flagellant pour mortifier les sens, dormant dans l'eau, ou la tête appuyée sur une pointe.

Le peuple et les grands les honoraient. Ils se dirent, dans un sentiment de jalousie et d'inqualifiable présomption : « Si le Çramana Gâutama opère, au moyen de sa puissance surnaturelle, un seul miracle supérieur à ce que l'homme peut faire, nous en ferons deux ; s'il en opère deux nous en ferons quatre ; s'il en opère quatre nous en ferons huit ; s'il en opère huit nous en ferons seize ; s'il en opère seize nous en ferons trente-deux. Enfin, nous ferons deux fois, trois fois autant de miracles que le Çramana Gâutama en aura opéré au moyen de sa puissance surnaturelle[1]... »

Le roi Prasênadjit, impliqué dans le débat, se rendit auprès du Bouddha, qui lui adressa ces paroles : « Grand roi, je n'enseigne pas la loi à mes auditeurs en leur disant : Allez, ô religieux, et opérez devant les brahmanes et les maîtres de maison que

[1] Burnouf, *Introduction*, pag. 164.

vous rencontrerez, à l'aide d'une puissance surnaturelle, des miracles supérieurs à ce que l'homme peut faire; mais voici comment j'enseigne la loi à mes auditeurs: Vivez, ô religieux, en cachant vos bonnes œuvres et en montrant vos péchés. »

Le sage accepta cependant le défi. Sravasti fut choisi pour théâtre de ce singulier combat.

Au jour convenu, le Bouddha entre dans l'arène. Comme il a l'air livré à une profonde méditation et qu'il ne répond point aux invectives dont il est l'objet de la part des Tirthyas, ses ennemis se croient déjà victorieux. Mais, ô surprise, subitement, le Bouddha s'élance dans les airs, y prend quatre postures différentes, marche, se tient droit, immobile, s'assied et se couche dans l'espace. Puis, il redescend et reprend son siège.

Les Tirthyas, priés d'accomplir à leur tour quelque miracle du même genre, se taisent, stupéfaits, puis, il s'enfuient dans les solitudes de l'Himalaya et disparaissent à jamais.

Le Bouddha eut cependant encore à lutter contre les brahmanes, dévorés de jalousie et de haine, et contre les hérétiques du Kauchambi. La reine de ce pays, qui lui était hostile, favorisa ses ennemis: avant de monter sur le trône, elle avait désiré épouser le sage, qui s'était montré sourd à ses appels et n'avait point répondu à ses avances.

Les femmes furent au reste pour lui la cause de

mille désagréments qu'il serait trop long de rapporter. Ainsi, au couvent de Djetavana, il y eut de violentes disputes, dont elles se mêlèrent fort mal à propos. Hélas! « la discipline pesait déjà sur ces têtes que la nature fit si fragiles et le soleil de l'Inde si ardentes [1]. »

Sâkya, débordé, jugea prudent de se retirer dans une forêt, pour laisser se calmer l'orage. Il passa ainsi la saison des pluies, dans une hutte, où les paysans lui apportaient sa nourriture.

Un jour qu'il mendiait dans la campagne, passe un brahmane qui lui adresse ces dures paroles : « Moine, je laboure et je sème; il me semble que tu ferais mieux de gagner ta vie par un travail semblable. »

« La semence que je sème, répond le Bouddha, ce sont les bons sentiments; la connaissance et la sagesse forment ma charrue, la loi en est le manche et le zèle est le cheval qui la tire. Par ce travail j'extirpe l'ivraie, c'est-à-dire les mauvais désirs, et la moisson sera l'impérissable Nirvâna. »

C'est à peu près à cette époque que Rahoula, le fils du Bouddha, entra dans sa vingtième année. Il reçut les ordres religieux.

Ananda, le disciple bien-aimé, prit dès lors la direction de la communauté, pour tout ce qui concernait les questions d'ordre matériel.

[1] Mme Mary Summer.

Le Bouddha avait assez à faire à enseigner sa doctrine et à soutenir les controverses dont il était l'objet.

Il fut, vers ce temps-là, en butte à de grossières attaques de la part des hérétiques de Srâvasti. Après avoir réussi à engager une femme à témoigner publiquement contre lui, au sujet de relations qui n'avaient jamais existé entre elle et le Bouddha, ils la firent mettre à mort. L'opinion publique fut ainsi naturellement portée à soupçonner le sage d'une infamie dont il était absolument innocent.

Mais, dans un moment d'ivresse, les vrais coupables eurent la naïveté de se dénoncer eux-mêmes. On les enterra vivants, et Sakya, qui regarde toujours le mal et la douleur comme la punition de péchés commis dans une existence antérieure, expliqua qu'il avait été victime de cette infâme calomnie, parce que, dans une vie précédente, il lui était arrivé de battre un pieux solitaire.

Hélas! quoique, avant sa dernière renaissance, qui devait le conduire au suprême Nirvâna, le Bouddha eût constamment passé, dans l'échelle des créatures, d'un degré inférieur à un degré supérieur, parce que son être moral allait constamment se développant dans le sens du perfectionnement absolu et qu'il avait expié presque toutes ses fautes, le sage n'était point encore au bout de ses tribulations.

Un moine, Dévadatta, irrité de voir qu'il n'avait aucune influence dans la congrégation du Bouddha, fonda un monastère, qu'il dirigea seul, sous la protection d'Adjâtasatrou, prince héritier du royaume, qui s'était emparé du sceptre. Dévadatta persuada à l'usurpateur de consommer son crime en faisant mourir de faim le roi, son propre père, protecteur de Sakya.

On embusqua trente archers dans un chemin où devait passer le Bouddha, avec ordre de tirer sur lui tous à la fois, de peur de le manquer. Dès qu'ils l'aperçurent, subjugués par le charme de sa personne, ils se convertirent immédiatement à sa doctrine.

Alors, Dévadatta, enrageant de cet insuccès, se posta lui-même sur le haut d'une colline et fit rouler un énorme rocher sur le sage, au moment où il se trouvait dans la vallée. — Vaine ruse! vains efforts! La Bouddha fut à peine atteint; il n'eut qu'une légère blessure.

Dévadatta imagine, en désespoir de cause, de lâcher un éléphant ivre dans les rues de Radjagriha. L'animal, furieux, saccage tout sur son passage. Mais quand il rencontre le maître, il s'arrête subitement. La légende affirme même qu'il devint bouddhiste.

Cependant Adjâtasatrou était torturé de remords, à cause du meurtre de son père. « Il semblait que mille épées tranchantes lui déchirassent les chairs. »

Il eut l'idée de se rendre auprès du Bouddha, pour implorer salut et miséricorde, fit une confession publique de ses fautes, et se retira, pardonné, avec la bénédiction du sage.

Dévadatta, banni du royaume, se mit en marche pour le monastère qu'habitait le Bouddha, afin de l'assassiner de sa main. Comme il approchait de Djêtavana, but de son voyage, la terre s'ouvrit sous ses pas et l'infâme tomba dans l'enfer Avitchi, le plus bas des enfers brûlants. — Cependant, comme il eut le mérite de confesser sa faute, il obtint la permission de renaître, après une période déterminée.

A l'époque où nous sommes de sa vie, le Bouddha était arrivé à un degré de sanctification tel qu'il aurait pu entrer tout droit dans le Nirvâna, sans passer par la mort.

Mais, il désirait laisser l'exemple de la sagesse jusque dans les angoisses qui, pour tout homme, accompagnent le suprême déchirement. Il devait d'ailleurs rappeler en tout le souvenir des Bouddhas qui l'avaient précédé.

Il voulut faire ses adieux à ses disciples et eut avec eux une touchante entrevue à Vaisali, où il les avait convoqués.

Puis il parcourut l'Inde, pour prêcher encore les quatre vérités. Comme il était dans le pays de Pawa, il fut reçu dans un monastère, à un repas somptueux. Le sage se laissa aller, paraît-il, à manger un peu plus que la prudence ne le conseillait d'un plat de porc au riz qu'avaient assaisonné les dieux. Il eut une horrible indigestion, dont il mourut. Mais, cette mort vulgaire, qu'il avait acceptée afin de faire voir la misère du corps, ne l'empêcha point de montrer, jusque dans ses douleurs, l'héroïsme d'un sage incomparable.

Il fut obsédé, dans ses derniers moments, par un vieux pédant, âgé de cent vingt ans, qui, quoiqu'il pût voir combien souffrait le moribond, lui demanda naïvement ce qu'il pensait des six philosophes alors le plus en renom.

Le Bouddha lui fit sentir la futilité et l'inconvenance d'une pareille question ; il eut encore le temps de convertir l'hérétique à sa doctrine.

Puis, il adressa ces paroles à ceux qui l'entouraient : « Si vous avez des doutes sur le Bouddha, la loi et l'assemblée des fidèles, faites-les connaître : je les éclaircirai. » Et, comme personne ne répondait : « Je puis donc mourir en paix, mes religieux bien-aimés. Toute chose est périssable et passagère ; efforcez-vous d'acquérir des mérites, sans perdre un instant[1]. »

Et le sage mourut, âgé de quatre-vingts ans. Il mourait... que dis-je !.. il achevait de s'anéantir dans ce Nirvâna, épouvantable pour nous, puisqu'il est l'extinction de toute vie, mais pour lui plein d'une indicible volupté, car il ne croyait et n'espérait, hélas ! qu'en la mort suprême et définitive de son corps et de son âme immortelle, et mille fois digne d'immortalité. . . . .

. . . .

[1] Mme Summer. pag. 169.

La vie du Bouddha, telle que les livres canoniques nous l'ont rapportée, présente, comme on le voit, un caractère tout à la fois profondément véridique et légendaire, qui a beaucoup embarrassé la critique.

Nous ne pouvons nous engager ici dans une discussion d'une importance secondaire, après tout, pour le sujet qui nous occupe. Car, que le Bouddha ait existé ou non, peu importe, en fait ! Sa doctrine a traversé les siècles, et c'est cette doctrine qu'il est essentiel d'étudier.

Ma conviction personnelle, c'est que, dans l'histoire de la vie du Bouddha, tout ne saurait appartenir au domaine du mythe ou de la légende. Certains traits portent en eux-mêmes un cachet de vérité qui me saisit profondément, et il serait fort difficile, pour ne pas dire impossible, d'expliquer le bouddhisme en reniant la puissante personnalité dont il est empreint et le génie spéculatif de son fondateur et de son prophète. Autant vaudrait expliquer le christianisme sans Christ!

D'éminents indianistes, comme MM. Kern et Senart, ont cependant contesté, textes en mains, l'existence historique du Bouddha. Mais, ils ne nous ont pas convaincu.

Il y a une vérité en quelque sorte plus vraie que la vérité même, celle du sentiment, qui parle au cœur, et qui est d'un ordre supérieur à celle où mène la philologie, la discussion sèche et aride. Le scepticisme de M. Senart a effrayé d'ailleurs les plus sceptiques eux-mêmes. Sa critique détruit tout, sans rien expliquer.

Qu'il prenne bonne note du conseil de M. Renan : « Le devoir de la critique est à la fois de démêler l'erreur qui est inhérente aux récits populaires et de conserver le rôle des individus, sans lequel rien ne s'explique dans le passé. La critique est une anatomie qui doit laisser vivant le sujet qu'elle étudie. Au moins est-il bon qu'à côté des recherches analytiques on fasse à la légende sa place. La légende est fondée à sa manière, et la sacrifier, c'est sacrifier la moitié de l'histoire [1]. »

Au reste, je le répète, je ne veux point m'engager ici dans une discussion qui nous conduirait trop loin et qu'il vaut mieux laisser aux indianistes de profession. Je crois à l'existence du Bouddha, parce que sa vie, dépouillée des traits légendaires absolument inadmissibles, ne présente rien que de très vraisemblable, et j'en appelle à ces paroles de Burnouf, parlant de Sakya : « Il a vécu, il a enseigné et il est mort en philosophe, et son humanité est restée un fait si incontestablement reconnu de tous, que les légendaires, auxquels coûtaient si peu les miracles, n'ont pas même eu la pensée d'en faire un dieu après sa mort [2]. »

[1] *Nouvelles études d'histoire religieuse*, pag. 143.

[2] Voir, sur la question, les articles de M. Barth dans la *Revue de l'histoire des religions*, 1881 et 1882.

CHAPITRE II

La doctrine du Bouddha.

I

LA MORALE DU BOUDDHISME.

> « La négation de toute morale a produit le comble du dévouement ; l'athéisme, une légende pleine d'un sentiment ineffable de bienveillance et de douceur ; le nihilisme, des petits paradis terrestres de vie douce et heureuse[1]... »

Comme Jésus, le Bouddha n'a rien écrit ; comme lui, dans ses discours, c'est surtout à la foule qu'il s'est adressé. Il lui importait avant tout de se créer des adeptes, et, dans un temps où le livre n'était point encore, comme aujourd'hui, le véhicule le plus prompt et le plus ordinaire de la pensée, c'est par ses prédications qu'il pouvait le plus aisément acquérir un grand nombre d'adhérents. Aussi laissa-t-il à ses disciples immédiats le soin de recueillir ses enseignements.

Un premier concile fut tenu, peu après sa mort, à

[1] M. Renan, *Nouvelles études d'histoire religieuse*, pag. 102.

Radjagriha, sous la protection royale d'Adjataçatrou. On se borna à réunir dans les soûtras les paroles du maître; de ces livres sacrés devaient jaillir, plus tard, ses dogmes et sa doctrine. Deux autres conciles ne tardèrent pas, au reste, à compléter ce premier travail, de sorte que, deux siècles avant notre ère, les textes canoniques du bouddhisme étaient immuablement fixés.

Le premier point qui s'impose à notre examen, c'est celui de la théorie des quatre vérités sublimes. J'en ai déjà dit quelques mots en racontant la manière dont Siddhârtha triompha de sa tentation et obtint la dignité de Bouddha.

La première de ces vérités, découvertes après six ans de jeûnes, d'études et de méditations, c'est la réalité de la souffrance. Sans doute, avant le Bouddha, le mal avait déjà ravagé la terre et bien des générations avaient gémi sous son fléau. Mais, en Inde, personne n'avait encore formulé avec une éloquence aussi poignante la thèse de la douleur.

Dans sa seconde vérité, qui n'est pas moins essentielle que la première, le Bouddha, qui vient d'affirmer que la souffrance est le lot universel et inévitable de toutes les créatures, explique son origine par le désir et les passions, cause de toute misère, puisqu'ils sont les sources de la vie, et que la vie, c'est la douleur.

La troisième vérité nous présente le moyen d'arriver à l'anéantissement de la souffrance et des passions. Ce moyen, c'est le Nirvâna, c'est-à-dire l'extinction de la volonté, de l'intelligence et du sentiment, en un mot, de tout ce qui constitue notre être spirituel et matériel, cause de notre éternelle et incurable misère. Mais, n'anticipons pas.

La quatrième vérité sublime expose le moyen d'arriver au Nirvâna, ou la méthode du salut, qui se divise en huit parties.

« La première, selon le langage bouddhique, est la vue droite, c'est-à-dire la foi et l'orthodoxie ; la seconde, c'est le jugement droit, qui dissipe tous les doutes et toutes les incertitudes ; la troisième, c'est le langage droit, c'est-à-dire la véracité parfaite, qui a horreur du mensonge et le fuit toujours, sous quelque forme qu'il se présente ; la quatrième condition du salut, c'est de se proposer dans tout ce qu'on fait une fin pure et droite, qui règle la conduite et la rend honnête ; la cinquième, c'est de ne demander sa subsistance qu'à une profession droite non entachée de péché, en d'autres termes, à la profession religieuse ; la sixième, c'est l'application droite de l'esprit à tous les préceptes de la loi ; la septième est la mémoire droite, qui garantit de toute obscurité et de toute erreur le souvenir des actions passées ; et la dernière enfin, c'est la méditation droite, qui conduit dès ici-bas l'intelligence à une quiétude voisine du Nirvâna [1]. »

[1] B. Saint-Hilaire, pag. 82.

Parvenir à la possession des quatre vérités sublimes, c'est, comme dit le Bouddha, être délivré de toutes les douleurs, ce qu'exprime en ces termes une stance qu'on lui attribue : « Celui qui marchera sans distraction dans cette discipline de la loi, après avoir échappé à la révolution des naissances, mettra un terme à la douleur. »

Dans la discussion qu'il eut avec les Tirthyas, le sage les accabla de ces émouvantes paroles [1] : Celui qui voit « les quatre vérités sublimes qui sont : la douleur, la cause de la douleur, l'anéantissement de la douleur, et le chemin qui y conduit, la voie formée de huit parties, sublime, salutaire, qui mène au Nirvâna ; celui-là connaît le plus certain des asiles, le plus assuré des refuges. Dès qu'il y est parvenu, il est délivré de toutes les douleurs. »

Des quatre vérités sublimes découlent, naturellement, certaines règles, certains préceptes moraux. Ainsi : « Ne point tuer, ne point voler, ne point être incontinent, ne point mentir et ne point s'enivrer [2]. »

Ces cinq préceptes concernent tous les fidèles. En voici qui paraissent ne s'adresser qu'aux seuls religieux : « S'abstenir de repas pris hors de saison, s'abstenir de la vue des danses et des représentations théâtrales, chants, instruments de musique, etc. ;

[1] Citées par M. B. Saint-Hilaire, pag. 83.

[2] Cité d'après M. B. Saint-Hilaire, pag. 84.

s'abstenir de porter aucune parure et de se parfumer ; s'abstenir d'avoir un grand lit ; enfin, s'abstenir de recevoir de l'or ou de l'argent [1]. »

Cette morale, comme on le voit, est assez ascétique. Voici d'autres observances, qui sont plus rudes encore. Les religieux ne doivent « se vêtir que de haillons, ramassés dans les cimetières, sur les tas d'ordures, dans les routes [2]. » Ils ne peuvent posséder que trois de ces grossiers vêtements, qu'ils doivent coudre eux-mêmes. En outre, il leur est absolument ordonné de ne vivre que d'aumônes, qu'il faut recueillir en une sébile, dans le silence le plus complet. Les religieux ne peuvent faire qu'un unique repas par jour. A moins d'habiter les monastères, ils sont forcés de demeurer dans les forêts. Il leur est prescrit, aussi, de se rendre dans les cimetières au moins une fois par mois, afin d'y méditer sur les misères humaines et le moyen de s'en affranchir.

Tout est prévu, et rien n'est laissé à la liberté individuelle, dans cette morale toute ascétique, belle, mais, bien souvent, d'un rigorisme stupide. La manière même dont il convient que le moine s'asseye et se couche est rigoureusement prescrite, avec une impitoyable minutie.

Le Bouddha avait tellement insisté sur le mépris de toute espèce de jouissance corporelle que ses reli-

[1] B. Saint-Hilaire, pag. 84.
[2] B. Saint-Hilaire, pag. 86.

gieux crurent devoir ne porter absolument aucun vêtement, sans honte d'une telle impudeur.

Six vertus sont recommandées comme les plus essentielles, ce sont : « l'aumône ou la charité, la pureté, la patience, le courage, la contemplation et la science [1]. »

A côté de ces vertus essentielles, dont la pratique conduit au Nirvâna, il en est d'autres moins importantes, mais qu'il est cependant nécessaire d'observer. « Ainsi, non seulement il ne faut pas mentir, mais de plus il faut éviter avec un soin presque égal la médisance, la grossièreté de langage, et même les discours vains et frivoles [2]. »

Le Bouddha recommande d'être animé d'un esprit de concorde, d'humilité, d'amour.

Il exigeait des religieux qu'ils fissent, au moins deux fois par mois, à la nouvelle et à la pleine lune, une confession complète de leurs fautes, devant lui et devant l'assemblée des fidèles. — C'était un sûr moyen de les animer d'un esprit de repentance et d'humilité.

Un roi très pieux, Piyadasi, ordonnait plus tard à ses sujets une confession publique et complète de leurs péchés tous les cinq ans au moins.

Si le Bouddha méprise la vie présente, il l'honore cependant, en une certaine mesure : elle est pour lui

[1] B. Saint-Hilaire, pag. 88.
[2] B. Saint-Hilaire, pag. 89.

le moyen d'arriver au Nirvâna. Et, s'il met l'état de religieux au-dessus de tout autre, cela ne l'empêche point de respecter la famille. Il a dit lui-même : « Brahma, ô religieux, est avec les familles dans lesquelles le père et la mère sont parfaitement honorés, parfaitement vénérés, parfaitement servis. »

Ce qui honore le bouddhisme, à bien des égards, c'est que son fondateur, malgré tous les moyens qu'il aurait eus d'en assurer la propagation par la force, n'a cependant jamais usé que de la persuasion. Toujours, dans ses sermons, il en appelle à la raison, qui doit nous convaincre que, dans la vie présente, tout est illusion et que le seul et unique remède est dans le Nirvâna.

Les livres bouddhiques abondent en traits qui nous montrent que cette religion a contribué à former de fort beaux caractères, et l'on est vraiment embarrassé de choisir entre tous les exemples qui s'offrent à la mémoire.

Pournâ, jeune néophyte, dévoré de l'ardeur missionnaire, part pour se rendre auprès d'une tribu d'hommes sauvages et sanguinaires.

— S'ils te frappent du bâton et de l'épée, qu'en penseras-tu ? lui dit le Bouddha.

— Je penserai qu'ils sont bons et doux, puisqu'ils ne me privent pas complètement de la vie.

— Mais s'ils te privent de la vie, qu'en penseras-tu ?

— Je penserai que les hommes du Çronâparânta sont bons et doux, de me délivrer avec si peu de douleur de ce corps rempli d'ordures.

— Va donc, ô Pournâ ; délivré, délivre ; parvenu à l'autre rive, fais-y parvenir les autres ; consolé, console ; arrivé au Nirvâna complet, fais que les autres y arrivent comme toi [1].

Une autre légende nous montre Kounâla, fils du roi Açoka, victime de la jalousie d'une des femmes de son père. Il reçoit un jour du palais l'ordre de se faire arracher les yeux. Personne ne consent à devenir l'exécuteur de cet arrêt aussi cruel qu'immérité. Un lépreux finit par s'en charger.

« C'est parce qu'ils prévoyaient ce malheur, dit Kounâla, que les sages qui connaissent la vérité me disaient naguère : Vois, ce monde tout entier est périssable ; personne n'y reste dans une situation permanente... Quand je considère la fragilité de toutes choses et que je réfléchis au conseil de mes maîtres, je ne tremble plus à l'idée de ce supplice ; car je sais que mes yeux sont quelque chose de périssable... J'ai retiré de mes yeux ce qu'ils pouvaient me donner de meilleur, puisque j'ai vu, grâce à eux, que les objets sont tous périssables ici-bas [2]. » On lui arrache successivement les deux yeux, et Kounâla fait entendre ces paroles :

« L'œil de la chair vient de m'être enlevé ; mais

[1] Cité par M. B. Saint-Hilaire, pag. 97.
[2] Cité par M. B. Saint-Hilaire, pag. 98.

j'ai acquis les yeux parfaits et irréprochables de la sagesse. Si je suis délaissé par le roi, je deviens le fils du roi magnanime de la loi, dont je suis nommé l'enfant. Si je suis déchu de la grandeur suprême, qui entraîne à sa suite tant de chagrins et de douleurs, j'ai acquis la souveraineté de la loi, qui détruit la douleur et le chagrin. »

Et le jeune prince pardonne si complètement à son exécrable belle-mère qu'il intercède auprès de son père en sa faveur, disant que, sans doute, c'était pour avoir commis quelque faute dans une existence antérieure qu'il avait dû subir le malheur présent.

On connaît l'histoire de Vâsavâdatta, la courtisane, qui, ayant remarqué un jeune homme doux et beau, Oupagoupta, très rigide observateur de la loi, lui fait dire : « Mon intention est d'aller te trouver ; je veux me livrer à l'amour avec toi. » Le jeune homme lui répond simplement : « Ma sœur, il n'est pas temps pour toi de me voir. »

Quelques jours après, Vâsavâdatta fait assassiner un de ses amants, afin de pouvoir se donner plus complètement à un autre, qu'elle préfère. Comme punition, le roi ordonne qu'on lui coupe les mains, les pieds, les oreilles et le nez. Après l'avoir ainsi mutilée, on l'abandonne dans le cimetière.

Au récit de ce supplice, Oupagoupta se dit : « Quand son corps était couvert de belles parures et de riches ornements, le mieux était de ne pas la voir pour ceux qui aspirent à l'affranchissement et qui veulent échapper à la loi de la renaissance. Mais aujourd'hui que, mutilée par le glaive, elle a perdu son orgueil, son amour et sa joie, il est temps de la voir. »

Il va, et la courtisane s'écrie, surprise de cette visite tardive :

— Pourquoi n'es-tu pas venu auprès de moi quand j'étais en santé ?

— Ma sœur, lui répond Oupagoupta, je ne suis pas venu naguère auprès de toi, attiré par l'amour du plaisir ; mais je viens aujourd'hui pour connaître la véritable nature des misérables objets des jouissances de l'homme. »

Et il adresse à l'infortunée des paroles d'espérance et de consolation. Elle adhère, avant de mourir, à la doctrine du Bouddha, puis, elle meurt, « pour renaître bientôt parmi les dieux [1]. »

Nous n'en finirions pas, si nous voulions nous arrêter à tous les beaux traits que rapportent les livres bouddhiques. Sous le nom de Piyadasi, le roi Açoka, qui régna de 263 à 226 avant J.-C., promulgua divers édits. De l'un d'eux, nous extrayons les paroles suivantes :

« Piyadasi, le roi chéri des dévas, pense que ni la gloire ni la renommée ne sont d'un grand prix. La

[1] Cette histoire est aussi racontée en détail par M. B. Saint-Hilaire, pag. 100.

seule gloire qu'il désire pour lui-même, c'est de voir ses peuples pratiquer longtemps l'obéissance à la loi, et accomplir tous les devoirs que la loi impose... »

Il faudrait pouvoir citer ces édits tout entiers.

La vingt-sixième année de son sacre, il en publia un autre. « Le bonheur, disait-il, dans ce monde et dans l'autre est difficile à obtenir sans un amour extrême de la loi, sans une extrême attention, sans une extrême obéissance, sans une crainte extrême et sans une extrême persévérance. Aussi est-ce là mon commandement que la pratique de la loi et l'amour de la loi s'accroissent à l'avenir comme ils se sont accrus dans le cœur de chacun de mes sujets... »

Ce roi pieux et bienfaisant adoucit la condition des condamnés à mort, pour lesquels il ordonna un sursis de trois jours entre le moment où la sentence était rendue et celui de l'exécution, afin qu'ils pussent se préparer au supplice et obtenir une meilleure condition dans l'existence qui les attendait.

Dans un autre édit nous lisons : « Piyadasi, le roi chéri des dévas, honore toutes les croyances... On ne doit honorer que sa propre croyance, mais il ne faut jamais blâmer celle des autres, et c'est ainsi qu'on ne fera de tort à personne... L'homme quel qu'il soit qui, par dévotion à sa propre croyance, s'exalte, et blâme la croyance des autres, en se disant : « Mettons notre » foi en lumière, » ne fait que nuire plus gravement à la croyance qu'il professe. »

Si donc, en un sens, la morale bouddhique présente quelque chose d'utilitaire, de mesquin, par le fait des observances rigoureuses et stupides qu'elle impose aux religieux, il faut cependant reconnaître qu'elle offre de nombreux exemples de charité et d'humilité.

Les pèlerins bouddhistes sont admirables de dévouement et d'abnégation. Fa-hien, en 399 de notre ère, part du nord de la Chine, traverse les montagnes du Tibet et va jusqu'à Java et à Ceylan. Après quinze ans d'absence, il revient en son pays. Il avait fait ce périlleux voyage uniquement afin de rapporter des versions du texte sacré plus exactes que celles qu'on possédait alors en son pays.

Deux cent trente ans après Fa-hien, en 629, Hiouen Thsang quitte la Chine, où il ne revient que seize ans plus tard. Après avoir surmonté mille dangers et, plusieurs fois, risqué de perdre la vie, le pieux pèlerin peut enfin visiter les lieux où a vécu le Bouddha, Kapilavastou, sa ville natale, Koucinagara, où il mourut, et Bénarès, où le maître fit ses premières prédications.

Hiouen-Thsang revint, chargé de reliques, de statues du Bouddha et de six cent cinquante-sept livres sur la doctrine bouddhique. Il passa les vingt dernières années de sa vie à traduire en chinois les principaux ouvrages qu'il avait rapportés.

II

LA MÉTAPHYSIQUE DU BOUDDHISME

> « Ce fait de la conscience humaine, se regardant elle-même et n'aboutissant qu'à se dévorer, est un des phénomènes les plus extraordinaires de l'histoire. Il est difficile de se figurer l'impression étrange que produit cette pensée toujours identique, ce cercle éternel tournant sur lui-même, et aboutissant à l'étourdissement de la pensée : c'est le sabbat de la logique, le ronflement du vide, comme celui d'une toupie creuse. La roue est bien l'image de cette éternelle tautologie[1]. »

Il est temps maintenant d'examiner la métaphysique du bouddhisme.

La première théorie qui se présente à nous est celle de la transmigration, qui embrasse la nature entière et ne connaît point de limites, puisqu'elle s'étend à tous les êtres et même aux choses inanimées.

Comme il ressort d'un grand nombre des faits que nous avons rapportés, l'homme, dans le système bouddhique, a eu, avant la vie présente, une infinité d'autres existences. Mais, quelle qu'ait été sa condition, et bien avant même de devenir homme, il a souffert.

[1] M. Renan, *Nouvelles études d'histoire religieuse*, pag. 68.

Le problème, c'est précisément de mettre un terme à la douleur, principe de notre vie, comme de toutes celles que nous avons dû subir, avant d'arriver, dans l'échelle des êtres, à la condition où nous sommes actuellement.

Cette idée de la métempsycose, qu'il serait curieux de mettre en parallèle avec la théorie du darwinisme qui, lui aussi, explique, au point de vue de l'histoire naturelle, la condition présente des créatures comme le produit de modifications successives et continues, cette idée, dis-je, se retrouve à la base de la religion des brahmanes, et, quoique essentielle dans le système bouddhique, n'est cependant point de l'invention de son fondateur.

Dans l'échelle illimitée de la transmigration, l'être passe indéfiniment de la condition la plus chétive ou la plus élevée à une condition inférieure ou supérieure, selon sa conduite dans l'existence qui a précédé.

Le Bouddha lui-même, comme tous les autres hommes, a dû subir la loi de la transmigration. Il a parcouru une infinité d'existences; il a été arbre, il a été plante, et, à chaque instant nous le voyons expliquer les maux qu'il souffre dans la vie présente comme la juste punition de péchés commis dans une existence antérieure.

Cette idée se retrouve à chaque page de l'histoire du bouddhisme. Ainsi, une légende rapporte qu'un novice, qui venait de nettoyer les coupes, et qui refusa sèchement à boire à des religieux altérés et fatigués d'une longue course, fut changé en coupe.

Il est impossible de préciser le moment exact où l'âme fut créée, avant d'être soumise à ces renaissances sans fin. « Tout ce qu'on peut inférer de quelques passages très rares, c'est que le Bouddha, selon toute apparence, a cru à l'éternité des êtres, je n'ose pas dire des âmes, et que, pour lui, les maux qu'il venait guérir, la naissance, la vieillesse, la maladie et la mort, s'ils pouvaient cesser par le Nirvâna, étaient pourtant sans commencement [1]. »

Le Bouddha ne paraît donc point, pour des raisons qui lui sont demeurées toutes personnelles, s'être occupé de la création du monde et des êtres animés. Il lui fallait cependant expliquer en quelque sorte l'origine de la vie. Il le fait, en établissant qu'elle est le résultat de douze conditions, effets et causes les unes des autres, ou, si l'on veut, de l'enchaînement connexe de douze causes réciproques.

« La vieillesse avec la mort n'aurait pas lieu sans la naissance... La mort est donc un effet dont la naissance est la cause.

« La naissance est elle-même un effet, et elle ne le serait pas sans l'existence... On existe longtemps avant de naître, et la naissance, sous quelque forme qu'elle se présente,... n'est qu'un effet de l'existence

[1] B. Saint-Hilaire, pag. 126.

qui l'a précédée ; car, sans l'existence, la naissance ne serait pas possible... Ainsi, l'existence détermine la naissance ; et, suivant ce qu'on a été précédemment, on renaît dans une condition différente, ou plus haute ou plus basse [1]. »

Ce qui cause l'existence, c'est l'attachement aux choses, et c'est parce qu'il s'attache aux choses que l'être subit la loi de la transmigration.

L'attachement vient du désir, causé par la sensation, dont la cause elle-même est le contact. Il faut que les choses nous touchent ou que nous les touchions pour pouvoir les sentir.

« Le contact, cause de la sensation, est l'effet, à son tour, des six places ou six sièges des qualités sensibles et des sens. Ces sièges sont : la vue, l'ouïe, l'odorat, le goût, le toucher, auxquels il faut joindre le *manas* ou le cœur qui comprend aussi ce que nous appellerions les sentiments moraux [2]. »

Ici, le raisonnement se complique et l'induction devient de plus en plus abstruse.

La cause des six sièges des sens, c'est le nom et la forme qui servent à nous faire distinguer les objets et à nous les rendre perceptibles.

Le nom et la forme proviennent de la conscience ; c'est par elle que nous connaissons le monde extérieur.

[1] B. Saint-Hilaire, pag. 127.

[2] Id., pag. 128.

Puis, viennent les concepts, ce sont les perceptions de détail, et, enfin, l'ignorance, qui nous dupe en nous faisant croire que les choses ont une réalité qu'elles ne possèdent point.

Maintenant, « au lieu de remonter la série, on peut la descendre et prendre l'ignorance pour point de départ, au lieu de la prendre pour terme et pour but. On renverse alors l'enchaînement des causes et des effets, qui d'ailleurs n'en restent pas moins unis, et on commence par où l'on finissait d'abord. Ainsi, de l'ignorance ou du néant, viennent les concepts, qui en sont l'effet ; des concepts, vient la conscience ; de la conscience, le nom et la forme ; du nom et de la forme, les six sièges des sens ; des six sièges des sens, le contact ; du contact, la sensation ; de la sensation, le désir ; du désir, l'attachement ; de l'attachement, l'existence ; de l'existence, la naissance ; de la naissance enfin, la vieillesse et la mort[1]. »

Nous venons de voir que, en vertu de la loi de la transmigration, les êtres sont, dans le bouddhisme, soumis à des renaissances sans fin, et l'enchaînement des douze causes réciproques nous a donné l'explication de la destinée humaine. Les quatre vérités sublimes, enfin, nous ont montré que la vie, c'est la souffrance, que la souffrance vient du désir et que le remède est dans le Nirvâna, à la possession duquel conduit la méthode du salut.

[1] B. Saint-Hilaire, pag. 130.

Qu'est-ce au juste que le Nirvâna ? Cette question, d'une importance capitale, se pose tout naturellement à la fin de ce chapitre.

Le Nirvâna, d'une manière générale, est le but suprême auquel tendent tous les désirs et tous les efforts du bouddhiste. Mais, fait étrange, incompréhensible, le Bouddha n'a donné aucune explication de ce mot. Pourquoi ? je ne saurais le dire. Il craignait peut-être de définir l'ineffable. Quels qu'aient été ses motifs, s'il en a eu, et il est permis de tout supposer, le silence du maître, sur ce point, constitue cependant une des lacunes les plus graves de son système.

Examinons !

L'étymologie du mot ne nous apporte que des éclaircissements imparfaits. *Nir* exprime la négation et *va* signifie souffler.

Le Nirvâna est donc, proprement, « l'extinction, c'est-à-dire l'état d'une chose qu'on ne peut plus souffler, qu'on ne peut plus éteindre en soufflant dessus ; et de là vient cette comparaison si fréquente dans les livres bouddhiques, d'une lampe qui s'éteint et qui ne peut plus se rallumer [1]. »

Le Nirvâna nous présente ainsi l'esprit sous la forme d'une flamme... on a soufflé dessus : elle s'est éteinte et elle est morte. Il nous paraît dès lors être l'extinction de toutes nos énergies spirituelles, la mort de l'âme, le néant absolu et définitif.

[1] B. Saint-Hilaire, pag. 133.

Et nous voilà, d'emblée, par l'étymologie du mot et l'image seule qu'il nous présente, arrivés aux conclusions de Burnouf, de Max Muller, de M. B. Saint-Hilaire.

On a cependant beaucoup et très sérieusement discuté cette manière de voir. Certains savants, comme Bunsen, ne peuvent se résoudre à l'accepter ; il leur paraît incompréhensible et absolument contraire à toutes nos idées que le tiers de l'humanité fasse, aujourd'hui encore, son culte du néant.

Un écrivain élégant et spirituel, Mme Mary Summer, définit ainsi le Nirvâna :

Il « ouvre des régions sereines, où, étranger à toute sensation de joie et de douleur, l'homme éprouve une satisfaction indéfinissable. En puissance d'idées, mais ne se donnant plus la peine de les formuler, il ne dort ni ne veille ; il reste dans un état négatif ; ce n'est plus la réalité, ce n'est pas davantage le rêve [1]. »

Bunsen, lui, voit dans le Nirvâna la « paix de l'âme et non l'anéantissement de toute réalité. » A l'appui de son assertion, il cite les paroles suivantes, que doit avoir prononcées le Bouddha peu avant sa mort :

« J'ai atteint la plus haute sagesse ; je suis sans souhait, je ne désire rien, je suis sans égoïsme, sans intérêt, sans orgueil, sans arrogance, sans haine.

[1] *Vie du Bouddha*, pag. 92.

Jusqu'à présent, je haïssais, j'étais passionné, plein d'erreurs ; esclave de la naissance, de l'âge, de la maladie, du chagrin, de la douleur, des souffrances, du souci, du malheur. Puissent des milliers d'hommes quitter leur demeure, vivre en saints, et, après avoir vécu de contemplation et renoncé au désir, ressusciter dans la renaissance des mondes de Brahma et les remplir par troupes innombrables ! »

« Voilà, ajoute Bunsen, voilà le Nirvâna de Bouddha ! Il vit encore, mais il a secoué le fardeau du moi ; il n'a aucun désir, n'éprouve aucune haine, tout lui est amour et paix. »

Bunsen continue : « Comment un esprit aussi sérieux, un penseur aussi profond peut-il avoir nié à la fois la nature et Dieu ?... Ne proclame-t-il pas partout que la fin de la vie humaine, c'est le bonheur acheté au prix d'un amour et d'une charité sans bornes ? Et n'est-ce pas là reconnaître indirectement l'existence d'un ordre moral ? Dans les hymnes du Dhammapadam, il est question de l'immortalité et des rapports intimes, indissolubles, qui règnent entre la condition actuelle de l'homme et sa destinée future...

» Où donc, s'écrie Bunsen, où donc le Bouddha a-t-il nié à la fois Dieu et le monde ; où donc a-t-il avancé que la fin de l'homme sage et pieux était l'anéantissement de l'âme ? Il aurait dû alors conclure que le suicide, qui nous met dans l'impossibilité de pécher davantage, est un moyen plus sûr pour parvenir à cet idéal que ce renoncement pénible, que cette vie de privations continuelles qu'il recommandait... »

— Mais oui! si l'on était toujours conséquent avec soi-même.

Et Bunsen conclut : « Il y a dans l'âme un germe immortel, le seul principe divin qui soit en nous : l'existence finie de l'âme repose sur des sensations, des aspirations du monde physique, auquel appartient le corps. Or, la fin de la vie humaine est de mettre un terme à tous les désirs, de faire mourir l'homme à soi-même, et même à toute pensée de récompense ou de châtiment. C'est alors seulement que le principe divin se révèle, éclate et brille, et telle est la vie vraiment divine. »

Ce jugement est charitable et généreux. Nous y souscririons sans réserve, si Bunsen ne s'appuyait, en tout ceci, sur des textes d'une authenticité discutable. L'erreur de ce savant « provient de ce qu'il a accepté comme autorités des passages relativement modernes, fruits d'un mouvement profondément significatif... mais qui sont la négation du bouddhisme originel [1]. »

Dans un article de la *Revue des deux-mondes* [2], M. Alfred Jacobs soutient la même thèse que Bunsen. Ses arguments ont quelque poids; il convient de les rapporter ici.

[1] M. Porret, pag. 37 de son excellent ouvrage.
[2] Du 1er mars 1860.

Il est impossible, dit-il, de voir dans le Nirvâna « l'anéantissement, l'extinction complète de l'âme en même temps que du corps... le pur, le fortuné, l'immortel Nirvâna ne peut pas représenter le néant... l'anéantissement de l'âme eût été une récompense dérisoire pour tous ceux que Sakya-mouni éloignait des biens de ce monde. Ses prédécesseurs, les brahmanes et les sankhyas, école schismatique athée, dont le chef Kapila était antérieur au Bouddha de deux ou trois cents ans, avaient admis l'immortalité de l'âme. Les premiers, à la suite de ses transmigrations, lorsque la série des épreuves était épuisée, la faisaient rentrer dans la grande âme du monde ; ils ne l'anéantissaient pas, ils la divinisaient dans le sein de Brahma. Kapila représente l'âme individuelle, éternelle, infinie, cherchant à s'isoler de ce monde et pénétrant, quand elle parvient à échapper au cercle fatal des renaissances, dans un ciel mal défini, le *Kâivalyam,* où elle demeure dans un état assez vague mais qui du moins lui laisse sa persistance et son individualité. Oter à l'âme ces privilèges, que l'Inde admettait unanimement, devait être impossible au temps du Bouddha : ç'eût été reculer au delà même du point de départ de toutes les croyances indiennes. Seulement Sakya-mouni a eu le grand tort de laisser planer sur cette question une grande incertitude; il n'y a pas un *soûtra*... où le Nirvâna soit nettement défini... Si l'âme acquiert l'omniscience, il est impossible qu'elle soit anéantie; de plus, le *Nirvâna* ne désigne pas une extinction absolue, car, suivant les *soûtras* bouddhiques il y a trois nirvânas distincts, et il est impossible que les deux premiers désignent absolument la même chose que le troisième. Enfin, si le Bouddha a nié la réalité des objets qui nous entourent, il n'a pu nier la réalité du sujet pensant, c'est-à-dire l'âme, et partant les âmes des hommes qu'il venait sauver; si l'âme était simple, elle était indissoluble. Enfin, voici les paroles mêmes que le *Lotus*, traduit par M. Burnouf, attribue à Sakya-mouni : « Le *Nirvâna* n'est pas un composé, et il échappe à toute conception. — Ce n'est ni la destruction ni la mort, parce que si c'était la mort, après lui reviendrait la chaîne des renaissances, et si c'était la destruction, il tomberait sous la définition d'un être composé.

» On peut donc croire que, dans la pensée de Sakya-mouni, *Nirvâna* n'a pas été synonyme d'anéantissement de l'âme...

» En conduisant le *Nirvâna* au delà des dernières limites de l'extase, c'est-à-dire de l'état qui, dans les conditions de notre existence, détache le plus l'âme du corps, il est probable que le Bouddha prétendait mener celle-ci à un état indéfinissable, mais supérieur, affranchissement des derniers liens de la matière, où cesse l'ignorance, selon lui cause première de tous les maux. On ne peut guère expliquer autrement la pensée de Sakya-mouni; mais comme il n'a rien défini, et que l'état vague auquel il voulait conduire l'âme devait être le plus souvent incompréhensible pour l'esprit du vulgaire, comme il a supprimé la notion de Dieu et remplacé l'activité, première loi de la vie humaine, par la contemplation, ce qui pour beaucoup voulait dire inertie, il ne devait ni élever le cœur ni animer l'esprit, et il n'est pas étonnant que des sectes détachées de la sienne, poussant quelques-unes de ces spéculations à leur dernière conséquence, aient bientôt nié la réalité du sujet pensant aussi bien que des objets pensés, et prétendu qu'il n'y avait ni sauveur ni sauvés, ni salut. Tel est le point de départ et le fond primitif de la doctrine de Sakya-mouni. »

Tels sont les arguments de M. Jacobs. Il convenait de les rapporter ici dans leur intégrité, parce qu'ils ont leur valeur dans la controverse où nous sommes engagés. — L'impartialité me fait un devoir de relater encore le fait auquel M. Jacobs en appelle en dernier ressort.

Le premier chapitre du *Lotus de la bonne loi* nous présente le Bouddha se trouvant un jour sur une montagne, près de Radjagriha, entouré d'une multitude de bodhisattvas. Il prêche ; il annonce à ses auditeurs « qu'ils renaîtront bouddhas à leur tour, et il leur désigne les mondes qu'ils auront à sauver.

» Tout à coup sort du sol un merveilleux *stoupa*, ainsi qu'on appelle les monuments en forme de cônes et de coupoles dont la foi bouddhique, au temps de sa première ferveur, a couvert plusieurs régions de l'Inde... Une voix sort de cette splendide demeure pour louer Bhagavat du soûtra qu'il développe. C'est la voix d'un Tathâgata ou Bouddha antérieur, qui vient offrir ses hommages à son successeur... » Il est « assis sur son siège, les jambes croisées et tout desséché, sans que son corps ait diminué de volume. Apparemment il est plongé dans le repos du Nirvâna, puisqu'il a tenu sa place, comme le nom de Tathâgata l'indique, dans la série des Bouddhas, et que sa mission est achevée. Cependant il sort de son extase pour combler son successeur d'éloges et l'engager à venir s'asseoir à côté de lui dans le stoupa. Donc, conclut M. Jacobs, donc il n'est pas anéanti, et, bien que plongé dans le Nirvâna, il subsiste encore. »

Ce récit a beau être tiré d'un livre canonique, il ne prouve rien en faveur de la thèse de M. Jacobs. Car, si le Bouddha avait tenu le discours que lui prête le *Lotus*, il faudrait croire au miracle stupide qui paraît en être l'effet immédiat, ainsi qu'à toutes les absurdités que lui imputent les livres bouddhiques. Si le fait en question doit prouver quelque chose, ce n'est point que le Bouddha ait entendu par son Nirvâna une sorte de vie éternelle, il n'y a jamais cru, mais bien plutôt le sentiment inné qu'a eu l'auteur du *Lotus* de l'immortalité de l'âme, sentiment dont Sakya ne tient aucun compte, parce qu'il fait violence aux aspirations intuitives de notre vraie nature.

J'en appelle au reste, sur cette question du Nirvâna, à l'opinion de Burnouf, d'une compétence absolue en ces matières.

Relevons d'abord les paroles suivantes d'un soûtra dont il donne la traduction; elles reviennent à plusieurs reprises dans le même alinéa : « Je n'entrerai pas, pécheur, dans l'anéantissement complet. »

Voici un autre passage non moins significatif : « Dans trois mois, cette année même, aura lieu l'anéantissement (du Tathâgata) dans l'élément du Nirvâna, où il ne reste plus rien de ce qui constitue l'existence [1]. »

Pour montrer que Nirvâna signifie bien *extinction* [2], Burnouf cite lui-même la phrase que voici; elle semble presque une définition positive du mot controversé : ... « Jusqu'à ce qu'enfin Vipacyin, le Bouddha complétement parfait, après avoir rempli la totalité des devoirs d'un Bouddha, fût, semblable à un feu dont l'aliment est consumé, entièrement anéanti dans l'élément du Nirvâna, où il ne reste plus rien de ce qui constitue l'existence. »

Burnouf conclut [3] : « Le mot de *vide*, qui paraît déjà dans les monuments que tout nous prouve être les plus anciens, m'induit à penser que Sakya vit le bien suprême dans l'anéantissement complet du principe

[1] Burnouf, *Intr.*, pag. 78.

[2] Et non pas même *apathie complète*, comme le traduisait Colebrooke.

[3] Pag. 521.

pensant. Il se le représente, ainsi que le fait supposer une comparaison répétée souvent, comme l'épuisement de la lumière d'une lampe qui s'éteint. » Le Bouddha « n'affranchit pas l'esprit... en le détachant pour jamais de la nature... en le replongeant au sein du Brahma éternel et absolu ; il anéantit les conditions de son existence relative en le précipitant dans le vide, c'est-à-dire, selon toute apparence, en l'anéantissant. »

Burnouf voit donc dans le Nirvâna l'anéantissement absolu du principe pensant, de l'être spirituel.

Il est curieux, sur ce point, d'entendre l'opinion de M. Max Muller. Voici comment il s'exprime, dans un article publié dans le *Times*, en 1857, en réponse à une attaque de M. Francis Barham, qui comprenait le Nirvâna de la même manière que Bunsen :

« Quoique le Bouddha lui-même ne fût peut-être pas nihiliste, il était certainement athée. Il est vrai que nulle part il ne nie expressément l'existence des dieux ni celle de Dieu ; mais c'est parce qu'il supprimait la notion des premiers, et qu'il ignorait Dieu d'une manière complète. Par conséquent si, dans sa pensée, le Nirvâna n'était pas encore l'anéantissement absolu, c'était bien moins encore l'absorption de l'âme en une essence divine. C'était l'*égoïsme*, dans le sens métaphysique de ce mot, c'est-à-dire l'absorption sans retour au sein de l'être qui n'est pas autre chose que soi-même. Voilà l'interprétation la plus charitable que nous puissions donner du Nirvâna, tel que le concevait le Bouddha, et c'est l'explication à laquelle Burnouf s'est arrêté après une étude approfondie des livres canoniques des bouddhistes du nord. D'un autre côté, M. Spence Hardy arrive à la même conclusion, en s'appuyant exclusivement sur l'autorité des bouddhistes du sud, c'est-à-dire sur les ouvrages pâlis et singhalais de Ceylan. Nous lisons dans son livre : « Le Rahat (Arhat) qui a atteint au Nirvâna, » mais qui n'est pas encore un... Bouddha suprême, » dit : J'attends le moment fixé pour la cessation de » l'existence. Je n'ai nul désir de vivre ; je n'ai nul » désir de mourir. Le désir est éteint. »

Après de telles autorités, nous pourrions considérer la question comme résolue et conclure avec M. B. Saint-Hilaire que « l'étymologie, les philologues contemporains les plus éclairés, les textes eux-mêmes ... tout se réunit pour démontrer que le Nirvâna n'est au fond que l'anéantissement définitif et absolu de tous les éléments qui composent l'existence [1]. »

Mais il est piquant de voir comment M. B. Saint-Hilaire lui-même arrive aux conclusions de Burnouf et de Max Muller. Après avoir établi qu'il faut distinguer entre le grand Nirvâna complet « qui suit la mort » et le Nirvâna simplement dit « qui peut être acquis même durant cette vie », et auquel on arrive par le Dhyâna, la contemplation et l'extase, M. B. Saint-

[1] Pag. 134.

Hilaire montre qu'au premier degré du Dhyâna l'ascète, ravi d'être « enfin arrivé à distinguer profondément la nature des choses... est détaché de tout autre désir que celui du Nirvâna. »

Au second degré, le religieux « a mis de côté le jugement et le raisonnement ; et son intelligence, qui ne songe plus aux choses et ne se fixe que sur le Nirvâna, ne ressent que le plaisir de la satisfaction intérieure, sans le juger ni même le comprendre. »

Au troisième degré, le sage ne ressent plus même ce plaisir de satisfaction intérieure. Mais il conserve, avec un sentiment de bien-être physique, la conscience des divers états par lesquels il vient de passer.

Enfin, au quatrième degré, il perd toute mémoire, toute conscience et même le sentiment de son indifférence. Arrivé ainsi à l'impassibilité complète, il acquiert, par une contradiction aussi étrange que significative, l'omniscience et la puissance magique.

On le voit, nous sommes en plein mysticisme. Seulement, ne pouvant s'unir à Dieu, que ne connaît point le Bouddha, car, chose qui confond, il l'ignore, le bouddhiste s'unit au néant. Il ne semble guère possible d'aller plus loin dans l'annihilation de soi-même. Mais la spéculation indienne ne connaît point de limites. Aux quatre degrés du Dhyâna s'en ajoutent quatre autres, les « quatre régions du monde sans formes. »

« L'ascète qui a franchi courageusement les quatre

premiers pas en est récompensé en entrant dans la région de l'infinité en espace. De là il monte un degré nouveau dans la région de l'infinité en intelligence. Parvenu à cette hauteur, il atteint une troisième région, celle où il n'existe rien. Mais comme dans ce néant et ces ténèbres on pourrait supposer qu'il reste du moins encore une idée qui représente à l'ascète le néant même où il se plonge, il faut un dernier et suprême effort, et l'on entre dans la quatrième région du monde sans formes, où il n'y a plus ni idées, ni même une idée de l'absence d'idées [1]. »

Et M. Barthélemy Saint-Hilaire conclut :

« Il me semble que la doctrine du Dhyâna est un commentaire décisif de celle du Nirvâna ; et que si, par cet état transitoire de l'extase, c'est déjà un néant transitoire comme elle et anticipé que l'on poursuit, on ne peut chercher dans le Nirvâna lui-même qu'un néant éternel et définitif.

» Le bouddhisme n'a pas de Dieu ; il n'a pas même la notion confuse et vague de l'esprit universel... Il n'admet pas non plus de nature proprement dite ; et il ne fait point cette distinction profonde de l'esprit et du monde matériel, qui est le système et la gloire de Kapila ; enfin il confond l'homme avec tout ce qui l'entoure, tout en lui prêchant la vertu. Il ne peut donc réunir l'âme humaine, qu'il ne nomme même pas, ni à Dieu qu'il ignore ni à la nature qu'il

[1] B. Saint-Hilaire, pag. 138.

ne connaît pas davantage. Il ne lui reste qu'un parti à prendre, c'est de l'anéantir, et, pour être bien assuré qu'elle ne reparaîtra point sous une forme quelconque dans ce monde, qu'il maudit comme le séjour de l'illusion et de la douleur, il en détruit tous les éléments, ainsi qu'il a bien soin de le répéter mille fois lui-même. Que veut-on de plus ? Si ce n'est pas là le néant, qu'est-ce donc que le Nirvâna ? »

Il serait temps de clore ce trop long débat. Voici, pour terminer, l'opinion de M. Renan. « Le Nirvâna, c'est l'exemption d'être, le vide absolu, le lieu privé de quatre côtés, où l'on n'admet ni l'existence ni la non-existence des choses, où l'on ne voit ni objet à admettre, ni sujet qui admet, où l'on rejette tout principe, parce que le caractère illusoire de tout principe conduit à n'en admettre aucun; en un mot, la négation du sujet et de l'objet, et par suite le repos absolu. On arrive à cet état en épurant l'intelligence humaine de tout ce qui peut la troubler, en évitant toute émotion, en se détachant de toute poursuite, en s'affranchissant de toute discussion intellectuelle sur les qualités des choses, en se maintenant libre de tout souhait, de toute joie, de toute tristesse. L'être, parvenu à ce sommet... ne conserve plus de la vie que la respiration [1]. »

[1] *Nouvelles études d'histoire religieuse*, pag. 74. L'homme, qui est *quelque chose*, ne peut penser le Rien que par un effort d'abstraction suprême; il n'y parvient même pas, car, au moment où il y pense, il sent qu'il est.

Qu'ajouter à des preuves aussi décisives ?

Quoiqu'il soit fort douloureux de penser que, depuis un si grand nombre de siècles, le tiers environ de l'humanité ne trouve de force et de consolation que dans le Nirvâna, dans l'anéantissement de soi-même et de ses meilleures aspirations, nous acceptons courageusement une telle conclusion, heureux si, dans la dernière partie de ce travail, nous trouvons des accents assez éloquents pour flétrir le bouddhisme et les doctrines de néant qui menacent, à cette heure plus que jamais, de se répandre parmi nous.

Après tout, on l'a dit, « savoir regarder en face le Nirvâna, quelque repoussant qu'il soit, c'est le meilleur moyen d'éviter tout ce qui y ressemble et tout ce qui peut y conduire [1], » et c'est également celui d'apprécier plus encore les richesses d'espérance et de foi qui nous sont gratuitement offertes dans l'évangile du Crucifié.

De là le vague des déterminations bouddhiques du *Nirvâna* et l'embarras des penseurs, plus méthodiques, mais moins philosophiques peut-être, qui ont cherché à le déterminer rigoureusement. (Note de M. Porret.)

[1] B. Saint-Hilaire.

CHAPITRE III

Examen critique de la vie et de la doctrine du Bouddha.

I

L'HOMME ET SON ŒUVRE

> « L'étude attentive des diverses religions nous profite à bien des égards ; mais le plus grand service qu'elle nous rend, c'est qu'elle nous permet de mieux apprécier tout ce que nous possédons dans notre propre religion[1]. »

Il importe maintenant d'examiner à un point de vue plus général les théories que nous venons d'exposer, pour déterminer leur juste valeur.

Le bouddhisme renferme sans doute de graves erreurs, et il nous tarde de les dénoncer. Mais il convient de signaler d'abord ce qu'il a de bon et de beau; car, en ce monde, le bien est comme fatalement mêlé au mal, le mal au bien, et le divin, s'il éclate surtout dans le christianisme, qui en est la suprême émanation, se retrouve cependant, épars, dans toutes les

[1] Max Muller, *Essais sur l'histoire des religions*, pag. 253.

religions. Un rayon de soleil pénètre parfois jusque dans les cavernes les plus obscures, et tout système contient au moins une étincelle de vérité.

Retraçons d'abord en quelques lignes la sereine et majestueuse figure du Bouddha, un sage s'il en fut, le plus grand peut-être. Sa vie est pure, du commencement à la fin. Aucune faiblesse, aucune défaillance! A la fleur de l'âge, nous le voyons quitter le palais de son père, avec ses voluptés, s'arracher à toutes les séductions pour se consacrer, dans la retraite, à la recherche ardente de la vérité. Quel renoncement! Prince royal, il descend à l'état de moine mendiant et s'assied humblement à l'école des brahmanes. Bientôt, acclamé comme un maître pour son intelligence et ses vertus, il ne s'abandonne point à l'ivresse de la gloire, mais, plein de l'idée de l'infinie vanité de toutes choses, de plus en plus certain qu'en ce monde tout est illusion, frappé de l'insuffisance des théories qu'il enseigne, Sakya-Mouni se retire dans la solitude, pour chercher le chemin du salut. Enfin, après beaucoup de travail, arrivé à la possession de la sublime vérité, le sage aurait pu, comme bien des moines, mener une vie toute contemplative, ou, comme bon nombre de philosophes modernes, se livrer à d'égoïstes spéculations, dans le dédain de la foule ignorante et le mépris des docteurs de son temps. Mais non, le Bouddha n'est point égoïste, et son premier soin est de songer à ses disciples, qui pourtant l'ont abandonné, et aux autres hommes, ses frères, qui lui inspirent une indicible pitié, parce que, tous, ils sont soumis au même destin, à l'éternelle renaissance, à l'éternelle douleur. Il prêche donc, et, comme on l'a dit, il est « le modèle achevé de toutes les vertus qu'il prêche. » Il enseigne, au travers de mille dangers, provoqués surtout par la jalousie des brahmanes. Et, dans la conviction que sa doctrine est la vérité même, dans son ardent désir du soulagement et de la délivrance des créatures, il parcourt d'immenses étendues de pays... Quelle puissance de conviction, quelle grandeur, quel renoncement dans une telle vie !.. N'y a-t-il pas là de quoi faire rougir plus d'un chrétien ! Car, enfin, nous, nous possédons la sublime vérité, qui est dans l'amour, et le Bouddha, qui, lui, a si longtemps et si laborieusement cherché, qui n'a trouvé que l'erreur et le néant, combien il nous dépasse, souvent, par l'héroïsme de sa sagesse et la puissance de sa charité... Je l'avoue, si je ne connaissais la vie du Christ, je ne connaîtrais point de plus belle vie.

Sa morale fournit de bien beaux exemples, et sa métaphysique, quelqu'obscure qu'elle soit, révèle cependant une admirable profondeur de pensée. Quant à ses prédications, d'une lecture très ennuyeuse dans les *soûtras* à cause de ce style bouddhique, si dédaigneux de la forme, si plein d'insupportables répétitions, elles font, comme dit M. Renan, l'effet d'un puissant narcotique, avant-coureur du Nirvâna; elles contiennent cependant bon nombre de paraboles très pittoresques. Les discours du Bouddha n'ont rien de fanatique; tous, ils respirent le calme de la raison. Le sage prêche avec une douceur et une sérénité qu'il n'aurait point connues s'il eût été absolument conséquent avec ses principes et si, par une contradiction qui l'honore, il n'eût attaché pourtant un certain prix à cette vie, qu'il maudissait, mais qui n'en est pas moins, il devait bien le reconnaître, la condition du salut, puisqu'elle offre le moyen d'arriver au Nirvâna. Il professait, en fait, un tel mépris de l'existence qu'il aurait aisément pu se dispenser, en bonne logique, de prêcher sa doctrine. Mais, chez lui, c'est la charité qui l'emporte : il se sent une compassion infinie pour tout ce qui souffre. Et pourtant, malgré ses élans d'extrême générosité, car il eut l'âme ardente et passionnée, on sent bien que l'idée de l'anéantissement de sa personnalité a répandu sur son existence entière une incurable mélancolie. Il a beau dire... Le désir qu'il eut, sa vie durant, d'entrer en possession du Nirvâna devait être mêlé de crainte et d'amertume. Comment un vivant envisagerait-il le néant sans effroi? Car, enfin, quand bien même la vie est amère, nous y tenons. La souffrance devient pour nous une sœur, qui a son charme triste et doux, et que nous préférons naturellement à la mort.

Cela dit, reconnaissons que le système philosophique le mieux construit ne saurait être aussi logiquement déduit qu'un théorème. Aussi, nous nous garderons bien de reprocher au Bouddha ses inconséquences, qui sont, en fait, ce qu'il y a de mieux dans sa doctrine. Son caractère lui fait plus d'honneur que ses théories philosophiques, qui reposent plus encore sur des mots que sur des idées. Nous sommes bien forcé de condamner son système. Nous ne le ferons cependant que sous toutes réserves, nous souvenant que, pour bien juger le Bouddha, il faut le placer dans son milieu et tenir grand compte de l'état de la philosophie et de la civilisation à l'époque où il a vécu. Il est injuste en outre de le rendre responsable de toutes les erreurs où est tombée sa religion bien des siècles après lui.

Il faut chercher la raison de son succès tout d'abord, je suppose, dans le fait que, comme la plupart des hommes de génie, il vint au moment favorable et répondit aux préoccupations de son temps. L'homme a toujours souffert; toujours, il a cherché une solution au douloureux problème de la vie! A cette époque de barbarie, l'art n'avait point les ressources de consolation qu'il connaît aujourd'hui, et, surtout, à défaut du christianisme, qui ne devait apparaître dans l'histoire que bien des siècles plus tard, on n'avait pas dans la philosophie le capital intellectuel dont nous bénéficions ; on ne possédait point la richesse de spéculations et d'expériences morales que nous avons héritée des siècles passés. Rien d'étonnant dès lors que les contemporains du Bouddha aient mis en grand nombre leur consolation et leur espérance dans sa doctrine de désespoir et de néant : le sage enseignait un moyen de mettre un terme à la douleur.

M. Renan explique les prompts succès du bouddhisme par une raison d'ordre moins relevé, mais qui n'est pas sans valeur. « Le bouddhisme, dit-il, fut... une forme de dévotion commode, que saisirent avec empressement les pauvres d'esprit, ainsi que tous ceux qu'effrayaient le joug de la caste et les difficultés de l'éducation brahmanique... C'est surtout par la prise qu'il avait sur les pauvres et sur les malheureux que le bouddhisme réussit. Des textes nombreux attestent que les mendiants embrassaient la secte nouvelle comme un moyen de vivre. L'habit d'ascète les relevait, leur rendait l'estime d'eux-mêmes. Dans une comédie indienne, un joueur malheureux se console en songeant qu'il lui reste toujours la ressource de se faire bouddhiste : « Alors, dit-il, je marcherai la tête levée sur la grand'route. » L'esclave était libéré en embrassant la vie religieuse... »

Il faut croire cependant que, parmi les disciples du Bouddha, bon nombre furent guidés par des motifs plus avouables, qu'il y en eut d'absolument sincères, croyant trouver la vérité dans les paroles de Sakya-

Mouni, et prêts à faire le sacrifice de leur vie pour la possession de cette vérité tout entière, pour la conquête du Nirvâna.

M. Renan se fait un Bouddha tout à fait à sa taille. Il rabaisse singulièrement l'idéal que nous admirons en lui. Ecoutez-le, dans son incurable scepticisme :

« Ce serait une erreur de croire que Sâkya-mouni ait eu besoin, pour le rôle qu'il a joué, d'une grande originalité. Sâkya fut un solitaire comme tant d'autres, un philosophe comme tant d'autres, ayant certaines pratiques à lui et un mode personnel d'enseignement. Il rejetait les mortifications extravagantes des brahmanes ; il s'asseyait commodément et recommandait cette condition comme nécessaire pour le repos ; il était vêtu décemment et blâmait vivement les actes des *gymnosophistes*, qui n'avaient d'autre vêtement que l'espace. On peut dire de Sâkya-mouni avec autant de vérité que de Jésus : Ce que nous savons le plus sûrement de lui, c'est sa façon de parler[1]. »

Je ne saisis point la portée de l'insinuation. Mais, à coup sûr, voilà un Bouddha singulièrement plat, et qui n'eût jamais rien fondé, surtout pas une religion qui réunit, dès le début, un si grand nombre d'adhérents.

Non, non ! si le Bouddha put imposer sa doctrine avec l'autorité d'un sage, s'il fut, en fait, qu'il le

[1] Pag. 89.

voulût ou non, un réformateur à la fois moral et social, s'il devint le fondateur d'une religion qui compte maintenant une histoire de vingt-quatre siècles, ce fut surtout à cause de la grandeur de sa personnalité et parce que son amour infini s'étendit à toutes les créatures, sans distinction de castes et de fortunes... Les castes, il les ignora : c'était le meilleur moyen des supprimer.

Il ne s'aperçut point cependant qu'en fait, par l'institution de son ordre de religieux, il créait une nouvelle caste, celle des moines mendiants qui, au point de vue matériel, devaient dépendre uniquement des laïques, moins favorisés, puisqu'ils étaient forcés de travailler pour fournir d'abord à leurs propres besoins, et, ensuite, à ceux des privilégiés qui pouvaient vivre, eux, sans autre souci que le Nirvâna. — Quoique d'un libéralisme généreux, le Bouddha, comme on l'a bien remarqué, constituait ainsi dans la pratique d'inévitables inégalités.

Fait digne de remarque, le Bouddha ne se prêche point lui-même. Son unique préoccupation, c'est le salut des hommes — je n'ose dire des âmes — et ce salut, il ne le voit que dans le Nirvâna, long et douloureux suicide de l'esprit, félicité suprême, à laquelle on ne peut arriver que par la pratique de la loi, « loi de grâce pour tous, » comme il le dit lui-même, et qu'il prêche à tous, sans distinction, avec une ardente charité.

Dans son système de rédemption, il ne pense point qu'il soit nécessaire que, comme Jésus-Christ, il fasse le sacrifice de sa personne, afin de satisfaire à la justice. Non! Selon lui, l'homme est sauvé par son unique mérite, et sans l'intervention d'aucun médiateur. Evidemment, sur ce point, notre religion a sur celle de Sâkya-Mouni une incontestable supériorité. Il est impossible cependant de n'être pas saisi de la grandeur de l'idée morale du Bouddha, de sa parfaite sincérité, de la manière dont, jusqu'au bout, il s'acquitte de la mission qu'il s'est imposée. Pour engendrer un renoncement tel que le sien, il faut une conviction conquise de bien haute lutte.

Il a porté les intelligences et les cœurs sur les sujets les plus dignes d'occuper l'âme humaine. Il a eu le culte de toutes les grandes choses. Quoique élevant l'état de religieux au-dessus de tout autre, il a honoré la famille et il a professé pour la femme le plus grand respect, bien qu'il paraisse avoir eu à son sujet, lorsqu'on lui proposa la fondation de monastères de femmes, des scrupules excessifs.

Il posa le principe de l'universalité de la misère. Pour lui, vivre, c'est souffrir. Toujours, il considère la souffrance comme une punition des péchés commis dans une existence antérieure; on souffre dans la mesure de sa culpabilité. Si le Bouddha ne croit point à la vie, il croit du moins à la justice. Il y a donc quelque part un rétributeur suprême. Il semble qu'il aurait dû ainsi, tout naturellement, être conduit à l'idée de Dieu, qu'il ne nie pas, mais qu'il ignore, non par parti pris, mais parce que cette idée, qui nous semble pourtant si essentielle, ne se présente point à son esprit. Voltaire a dit : « Un enfant n'est ni athée ni déiste; il n'est rien. » Ce jugement s'applique parfaitement au Bouddha. Il n'est ni athée ni déiste... il ne se prononce point. Comment ce noble esprit ne s'est-il point élevé à l'idée de Dieu. C'est là une des lacunes de son système dont il est impossible de disculper entièrement un génie philosophique tel que le sien.

Chez l'homme, il ne voit que misères.

Il n'a que faire des aspirations naturelles de notre âme, ne pressentant point, dans ces aspirations mêmes, un gage de la suprême réalité. Chose curieuse, il est surtout frappé de la douleur physique; il ne tient aucun compte du mal moral, pourtant bien plus grand et douloureux encore. Et, en ceci, il est parfaitement logique, car, il ne faut point l'oublier, dans ses idées sur la transmigration, il a confondu l'homme et l'animal, l'animal et la plante, l'âme et le corps, l'esprit et la matière, poussant ainsi, en fait, jusqu'à ses conséquences les plus monstrueuses, l'idée de l'unité de substance.

La maladie, la vieillesse, la mort, voilà donc pour lui les seules réalités, le lot commun de toutes les créatures, et, si nous ne pouvons les éviter ici-bas, —

la vue de la douleur physique l'empêche de considérer les joies légitimes de l'existence, — nous pouvons du moins mettre un terme à la souffrance en supprimant la vie elle-même... A un mal radical, un remède radical !

Cette idée le soutient. Tout dans ses principes le poussait à l'égoïsme... il trouve la force de prêcher, de se donner, de se consacrer au salut des créatures.

C'est donc, selon lui, de péchés commis dans une existence antérieure que provient la misère présente. A mon entrée dans la vie je suis, d'ores et déjà, soumis à une série de châtiments, pour des fautes dont je ne me sens point immédiatement responsable. Il y a là un principe de fatalité très évident. Et cependant, à chaque instant, par une de ses nombreuses inconséquences, le Bouddha fait appel à la liberté dans l'œuvre de la rédemption. Mais, il ne faut pas s'y tromper, son système est bien un système de fatalité, et, dans son ouvrage, court, mais éloquent et substantiel, M. Porret a eu mille fois raison, comparant le bouddhisme au christianisme, de ramener les deux termes du problème à ces deux principes, pôles de toutes les questions : fatalité, liberté.

Oui, selon le Bouddha, si la vie est mauvaise, c'est qu'elle est un calice de châtiments qu'il nous faut boire jusqu'à la lie. S'ils nous paraissent immérités, c'est qu'ici-bas tout est le fruit de l'illusion. Dès lors, pour arriver à la suprême vérité, il faut, sans jamais se lasser, combattre ses désirs, ses passions, principe de toute vie, source d'éternelles douleurs.

La condition de beaucoup la plus favorable pour arriver au salut, c'est l'état religieux, qui implique la parfaite chasteté. Ayant éprouvé soi-même que la vie est un mal, comment s'exposerait-on, de gaieté de cœur, à mettre au monde d'autres êtres, également appelés à la souffrance. En outre, pour arriver au Nirvâna, le bien suprême, la seule réalité, il est nécessaire de se préparer par la pratique d'un grand nombre de vertus qui exigent une vie toute de recueillement et de consécration à la recherche de la vérité.

« Y avait-il, à l'origine, des laïques dans la secte? M. Hodgson se prononce pour la négative. Il croit que, dans les premiers temps, être bouddhiste c'était embrasser l'état religieux, faire vœu de chasteté et de mendicité... Les religieux seuls sont « disciples » proprement dits. D'abord vagabonds, demeurant sous les arbres ou sous des huttes de feuillage, ils passaient la saison des pluies chez les riches, occupés à prêcher et à méditer. A la fin des pluies, ils se réunissaient de nouveau, formaient un concile, conféraient entre eux sur leur méditation [1]. »

On peut faire aux moines bouddhistes un reproche analogue à celui qu'on est en droit d'adresser aux

[1] M. Renan, *Nouvelles études d'histoire religieuse*, pag. 97.

moines du catholicisme. Ils se retirent du monde actuel pour se réfugier dans celui de leurs aspirations, moyen commode d'éviter la lutte et les devoirs qu'impose la vie présente. Il y a dans cette manière de résoudre le problème une certaine lâcheté, une paresse qui, quoique inconsciente peut-être, n'en est pas moins répréhensible. On ne considère que soi, que son propre salut, et ce système conduit infailliblement à l'égoïsme mystique.

Le fondement de la morale du bouddhisme repose donc sur des vues très étroites. Ce qui importe, pour elle, c'est que le religieux gagne lui-même son propre salut; il le fait dans un but absolument intéressé, et non point pour conformer sa vie à l'idée du bien, du devoir, principe de toute philosophie spiritualiste. Dans le christianisme, au contraire, tout repose sur l'idée d'amour... L'idée du bien et celle du devoir sont également étrangères au bouddhisme. Comme le remarque M. B. Saint-Hilaire, « tant que la conscience et la raison » — nous dirions le cœur, source d'amour — « n'ont point parlé, le devoir n'apparaît point. »

Le bouddhiste ne connaît que la loi du Bouddha, et, dans sa pensée, le salut est un calcul. Il serait long de montrer les dangers qu'il y a dans cette manière de voir, car, comme le dit encore M. B. Saint-Hilaire, « on n'est pas lié parce qu'on obéit, on n'est point obligé parce qu'on se courbe sous un joug, ce joug fût-il le plus raisonnable et le plus salutaire. »

Oui, tant que la conscience n'est point engagée dans la lutte, impossible d'être assuré du triomphe, et il y a tout à craindre des ruses de l'intelligence pour éluder la pratique du commandement.

Combien la question est différente dans le christianisme, religion d'amour, parce qu'il veut unir par l'amour l'âme de l'homme au Dieu qui est en soi la sagesse et l'amour ! Aussi, tandis que le christianisme porte un ferment de vie, le bouddhisme, partout où il pénètre, porte un ferment de mort et de néant.

A la lumière du christianisme, la conscience a reconnu que ce qui fait la valeur de l'action, c'est uniquement le mobile dont elle est inspirée, et les motifs qui dictent un acte, quel qu'il soit, n'ont de prix que s'ils procèdent de l'idée même du devoir, toujours identique à celle du bien. Or, comme dans le bouddhisme nous ne trouvons aucune de ces deux idées, nous sommes forcé de reconnaître que la morale de cette religion repose sur le calcul de l'intérêt et ne procède point de sentiments supérieurs, d'aspirations à une vie plus conforme à notre vraie nature que ne peut l'être la vie actuelle.

Ce mépris absolu de l'existence et de ses joies, ce pessimisme constant à l'égard de toutes les choses de la vie a entraîné le Bouddha à douter de tout, hors du Nirvâna, son unique espérance. Dans son scepticisme universel, il proclame les êtres « vides au dehors, vides au dedans. » On n'ose mesurer les conséquences d'une philosophie aussi désenchantée, quand elle devient populaire au point de donner naissance à une religion qui compte des millions d'adhérents.

Non! non! le scepticisme n'a jamais rien fondé, et c'est une illusion, généreuse peut-être, mais fantastique que de tenter, après avoir proclamé le mal de la vie, après en avoir mis le seul but et l'unique espérance dans le Nirvâna, que de tenter de sauver l'homme de l'existence actuelle en lui proposant de réaliser l'idéal de la loi bouddhique... Consolation bien creuse et bien amère, en vérité! Ah! sans doute, il est plus noble, dans l'idée de Sakya-Mouni, de vouloir que l'homme se rachète de sa triste condition par la pratique de la vertu et qu'il conquière ainsi ses droits au Nirvâna — au néant — que de dire, selon la sagesse mondaine, plate et lâche, mais plus censée : « Eh bien, oui, la vie est dure... il faut en tirer le meilleur parti possible. Mangeons et buvons, car demain nous mourrons. » Mais, au fond, quelle contradiction dans le bouddhisme! « Tout en redoutant outre mesure les maux de la vie, et en cherchant à s'en délivrer éternellement par le néant, le seul moyen, ou du moins le moyen le plus efficace qu'on trouve de se guérir de l'existence, c'est d'en faire une torture et un supplice pendant les courts instants qu'on la possède en l'exécrant [1]. »

Heureusement, le Bouddha n'a point fait le calcul

[1] B. Saint-Hilaire, pag. 160.

qu'on pourrait aisément lui prêter : il n'aurait point eu la force de vivre et de « faire tourner la roue de la Loi, » selon la curieuse expression dont il se sert.

Ce qui me frappe surtout chez lui, ce qui me le rend sympathique, c'est cette « douleur du monde », ce sentiment profond qu'il a du néant de toutes nos joies, tant que la maladie et la mort planent sur notre tête. En ceci, il est certainement allé plus profond que la plupart des philosophes contemporains, qui acceptent un plat optimisme, celui des heureux, jouissant de la considération et de la fortune, n'entendant point les misérables qui gémissent à leur porte. Le Bouddha s'est montré aussi plus conséquent avec ses principes que bon nombre des pessimistes de ce temps qui, comme M. de Hartmann, concluant théoriquement au suicide de l'humanité, ne craignent pas, en attendant la réalisation de leur vœu, — charmante inconséquence ! — de mettre au monde des enfants et puis... de se livrer tranquillement aux joies de la famille.

Ah ! certes, je n'hésite pas à proclamer le Bouddha mille fois supérieur à tous ces baladins de la philosophie qui se font un jeu des idées et des théories qu'ils jettent en pâture à la foule, toujours avide de mets nouveaux et de haut goût. Que M. de Hartmann commence par être fidèle à ses principes, et tous les bouddhistes contemporains avec lui ! Qu'ils prennent la sébile aux aumônes et revêtent le manteau de moine mendiant... qu'ils ne se jettent point eux-mêmes, par l'amour et le mariage, dans les bras du Grand Inconscient, de cette puissance occulte qui se joue de nous et qui nous trompe, — le mot est de M. Renan, — dont ils ont employé tant d'ardeur et de talent à déjouer les funestes desseins. Oui, qu'ils quittent leur dilettantisme savant et précieux pour être tout simplement conséquents avec les principes qu'ils proclament... Alors, nous les prendrons au sérieux !

Mais, il ne convient point de s'engager ici dans une polémique entreprise hors de propos. Revenons à notre sujet, et relevons, en terminant, l'analogie la plus frappante qu'il y ait entre le bouddhisme et le christianisme. Nous avons assez montré, en fait, les abîmes qui séparent les deux points de vue.

II

BOUDDHISME ET CHRISTIANISME

« Une philosophie chrétienne peut seule être optimiste sans mensonge et sans cruauté [1]. »

Il est, dans la vie chrétienne, tout un côté pessimiste qui n'a point échappé aux âmes sérieuses. Une des vertus les plus essentielles que le Christ attend de son disciple, c'est le renoncement. Or, le renoncement ne s'accomplit jamais sans effort et sans tristesse, et c'est précisément ce qui en fait le prix aux yeux de Celui dont la vie entière fut un renoncement.

Non, certes! il n'est point facile de « vendre tous ses biens pour les donner aux pauvres, » de « se charger de sa croix, » de « suivre Jésus. » Il y a, dans la vie, une quantité de jouissances qu'un chrétien scrupuleux regarde comme un devoir de s'interdire, parce qu'elles lui seraient en piège, ou qu'en usant de « tout ce qui est permis, » — et tout est

[1] Bonifas, la *Théodicée de Leibnitz.*

permis, parce que tout est pur pour les purs, — il scandaliserait un de ses frères, plus faible dans la foi.

En second lieu, le christianisme lui-même est une source de tristesse. Victor Hugo, dans sa préface de *Cromwell*, a dit qu'il avait apporté au monde la mélancolie, et ce n'est pas sans quelque raison, quoique la chose puisse paraître d'abord au plus haut point contradictoire.

Il y a une tristesse qui vaut mille fois mieux que la joie, celle qu'apporte l'Evangile à l'âme affligée de son péché... Il y a une mélancolie qui vaut mille fois mieux que le bonheur mondain, celle qui provient du sentiment de la vanité de toutes les choses auxquelles l'homme charnel se complaît à mettre son cœur.

Le christianisme affine les scrupules de la conscience. Il donne à l'homme le sentiment très vif de sa liberté, et, en même temps, il lui révèle qu'il est responsable dans la mesure où il a reçu de Dieu la lumière et la vie. Il crée ainsi dans le cœur une lutte perpétuelle. Il nous montre qu'il y a deux hommes en nous, — l'homme spirituel et l'homme charnel, — et qu'ils se livrent un duel à mort, parce qu'ils sont ennemis à jamais irréconciliables.

Le christianisme est la révélation de la vie divine pour laquelle notre âme était créée, et il nous fait sentir que nous sommes sur la terre. Il nous donne la nostalgie du ciel, il emplit notre cœur d'aspirations infinies, qui ne peuvent se réaliser ici-bas.

Il nous rappelle nos titres de noblesse et il ne veut point que, dans l'exil, nous consentions jamais à oublier la patrie pour vivre de la vie plate et vulgaire des renégats.

Il ne nous dissimule en aucune manière que la naissance, la douleur et la mort, — les trois uniques certitudes de notre vie, — sont une chose effroyable par les souffrances qu'elles apportent et qu'elles sont le lot commun de toutes les créatures. Mais, il explique en même temps que si, entre l'état de fait et nos certitudes morales, entre le mal dans le monde et l'amour de Dieu, qui éclate dans l'univers entier et que la conscience appelle à chaque instant en témoignage, il y a désaccord, ce désaccord ne peut être que momentané. Il provient du péché, fruit de la liberté. Le mal ne pouvant ainsi être attribué à Dieu, tout sainteté, tout amour, il doit l'être à l'homme même.

Dès lors, il ne nous appartient plus d'accuser Dieu du mal et de la souffrance qui existent dans le monde... nous ne pouvons nous en prendre qu'à nous-mêmes, à nous-mêmes et à la race tout entière dont nous sommes issus. Oui, le mal et la douleur sont le fruit naturel du péché, et le péché est la conséquence de notre liberté, de cette liberté, couronnement des dons que le Créateur a faits à la créature et qui, en causant notre gloire, aurait causé notre perte éternelle, si Jésus-Christ n'avait eu pitié de nous et si, dans son amour, il ne se fût consacré au rétablissement de la justice dont il fut l'innocente victime « lui, juste pour nous injustes. »

Autant la vie eût été triste si Christ n'était apparu dans nos ténèbres, autant elle devient heureuse et belle, dès que nous avons accepté dans notre âme son œuvre de rédemption. Car Il est une source d'espérance qui ne tarit point. Il est la réalisation pleine et parfaite de ce que l'homme pouvait devenir si, par le péché, il ne se fût révolté contre son Créateur. Il nous montre l'idéal de l'amour devenant une suprême réalité, et c'est en lui que nous avons l'espérance de la vie éternelle. Dès lors, nous comprenons le plan de Dieu... Comprendre le plan de Dieu ! avoir l'intelligence des desseins de son amour,... participer soi-même, dans la mesure où l'on accepte la grâce, à l'œuvre de la rédemption... n'y a-t-il pas là de quoi réjouir éternellement l'âme du chrétien !... Et, quand bien même il doit plier sous le coup de la douleur, — et quel est l'homme qui ne connaît point la souffrance ? — sa joie demeure parfaite, parce qu'il voit, dans l'épreuve même qui l'accable, une dispensation de son Père, destinée à le préparer pour le ciel. Comment, ainsi, même au milieu de la tourmente, quand les nuages noirs voilent l'horizon, quand la foudre sillonne la nue, quand les vagues battent notre frêle esquif jusqu'à le faire sombrer,... comment ne pas garder l'âme sereine, ensoleillée,... ensoleillée du soleil de l'éternel amour !...

Et voilà comment, partant, en un sens, des mêmes idées que le bouddhisme au sujet de la vie humaine, la considérant, en dehors de l'espérance d'outre-tombe, comme infiniment triste et douloureuse... voilà comment le christianisme aboutit à des conséquences absolument opposées à celles de Sakya-Mouni.

Nous venons de voir, par un exemple bien frappant, à quoi l'esprit humain peut aboutir quand il tente de se sauver lui-même, à quels abîmes nous conduit la raison seule, — et celle d'un des sages les plus illustres qu'ait possédés la terre, — quand elle est livrée à ses propres forces.

Bénissons Dieu, du plus profond du cœur, de ce qu'il ne nous a point abandonnés à notre triste sort, de ce que, dans notre indignité et notre misère, il nous a éclairés et sauvés, sauvés et sanctifiés, sanctifiés et glorifiés... de ce qu'il nous a faits éternellement l'objet de son éternel amour...

Nos aspirations ne nous ont point trompés : le bonheur était fait pour nous. Nous ne sommes pas nés pour la terre, mais pour le ciel...

Le bonheur, nous l'avions cherché dans ce qui est éphémère : l'art, la fortune, la gloire, l'amour, oui, l'amour qui n'est point fondé en Dieu, tromperie du cœur se séduisant soi-même.

Mais, c'est l'infini qu'il nous fallait, et nous étions des êtres finis... L'immuable, l'éternel, seuls, pouvaient satisfaire notre âme insatiable de vérité.

Cet infini, cet immuable, cet éternel, nous l'avons enfin trouvé : il était, dès le commencement, tout entier dans l'amour de Dieu en Jésus-Christ, dans l'amour du Père, tel qu'il se manifeste dans les souffrances du Fils, au prétoire, au Calvaire, à Gethsémané...

Et le bonheur est là aussi, dans sa plénitude, en la contemplation de ce mystère de piété... Je le cherchais dans ce qui passe... il est là, immuable, rassasiement de joie pour le temps et pour l'éternité.

« Car Dieu a tellement aimé le monde qu'il a donné son Fils unique, afin que quiconque croit en lui ne périsse point, mais qu'il ait la vie éternelle... » La vie... la vie éternelle... et j'avais mérité la mort.

. . . .

. . . .

Etre aimé de Dieu comme si j'étais saint, quoique je ne le sois point, comme si je l'avais aimé, quoique je ne l'aie point aimé !..

Comment vivre, dès lors, sans espérance, sans joie, sans consolation !

Je le pourrais, si je n'avais point de cœur. Mais, Dieu m'a aimé... il m'aime... Maintenant, je comprends la vie, et, malgré mes chutes, mes égarements d'amour, je sens que l'ordre est enfin rétabli.

Car, au lieu du désespoir, l'espérance ; au lieu de la haine, la charité ; au lieu de la révolte ouverte et continue, l'amour;... au lieu de la mort, la vie,... la vie éternelle !..

Ainsi, j'ai la paix, quoique dans la bataille; j'ai la joie, quoique dans la tristesse;... j'ai l'éternité, quoique au sein de tout ce qui passe et qui s'écroule...

Et demain, enfin libre, enfin parfaitement heureuse, mon âme pourra ouvrir ses ailes toutes grandes dans l'infini du ciel, pour s'envoler dans l'immortalité.

Gloire à Dieu !..

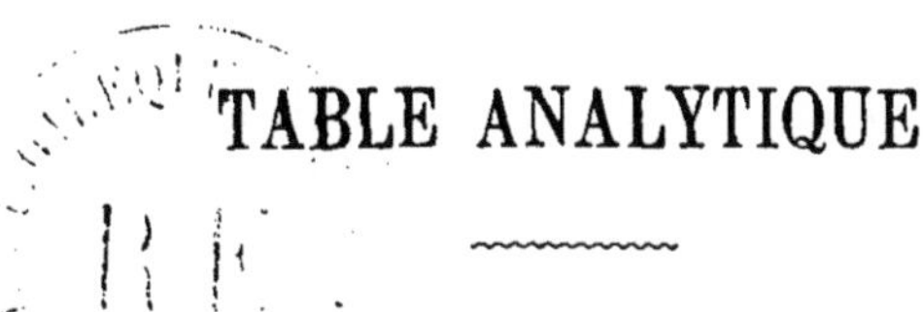

TABLE ANALYTIQUE

INTRODUCTION

Histoire des études sur le bouddhisme.

CHAPITRE PREMIER

La vie et la légende du Bouddha.

CHAPITRE II

La doctrine du Bouddha.

CHAPITRE III

Examen critique de la vie et de la doctrine du Bouddha.

Lausanne. — Imp. Georges Bridel.

Lausanne. — Imp. Georges Bridel.

www.ingramcontent.com/pod-product-compliance
Ingram Content Group UK Ltd.
Pitfield, Milton Keynes, MK11 3LW, UK
UKHW020322250726
13967UKWH00004B/1809